CAROL PIR[OTTE]

Êtes-vous ULTRASENSIBLE ?

Pour tous les anxieux, émotifs, empathiques…

BONUS
Découvrez 6 visualisations guidées par l'auteure !

LEDUC.S
PRATIQUE

Nous remercions tout particulièrement Karine Hyenne pour sa relecture pleine de finesse et de délicatesse.

Avec la collaboration de Saverio Tomasella.
Conseil éditorial : Sophie Carquain
Édition : Béatrice Le Rouzic
Correction : Marie-Laure Deveau
Maquette : Élise Bonhomme
Design de couverture : Antartik
Illustrations : Clod*
www.clod-illustrateur.fr

10 place des Cinq-Martyrs-du-Lycée-Buffon
75015 Paris – France
ISBN : 979-10-285-1308-5

Êtes-vous
ULTRASENSIBLE ?

Découvrez des contenus exclusifs avec l'application Marque-Page !

Comment utiliser l'application Marque-Page ?

1. Télécharger l'application*

sur l'App Store ou Google Play

2. Ouvrir l'application

3. Scanner la/les page(s) où le logo apparaît

* *Hélas, l'application Marque-Page ne fonctionne pas avec* Windows Phone

Avec ce livre, découvrez 6 pistes audio exclusives :

1. Rencontre avec votre ultrasensibilité (p. 187)
2. Exploration des rôles que vous avez joués dans votre vie (p. 190)
3. Accueil des ressentis et des émotions qui vous submergent (p. 192)
4. Découverte du fonctionnement de votre cave intérieure (p. 197)
5. Exploration de votre cave intérieure (p. 197)
6. Rencontre avec votre sagesse intérieure (p. 198)

Sans l'application Marque-page, vous pouvez également accéder aux contenus directement via le lien suivant : https://blog.editionsleduc.com/ultrasensible.html

À nos enfants

Sommaire

Pour une utilisation optimale de cet ouvrage

Chère lectrice, cher lecteur, bienvenue à vous !

Notre intention est que vous vous sentiez dans cet ouvrage comme à la maison. Afin de rendre votre séjour parmi nous le plus agréable et profitable possible, nous aimerions vous proposer quelques recommandations. À vous de sentir si elles résonnent en vous et de les appliquer, ou pas, selon ce qui vous paraît le plus juste.

UN CAHIER, UN OUTIL PRÉCIEUX POUR TOUT NOTER

Tout au long de ce livre, vous découvrirez des invitations à vous mettre en mots. La première invitation que nous aimerions vous faire est de vous autoriser à vous offrir ou à vous confectionner un cahier.

Pourquoi ? Parce que, si vous êtes comme nous, il se peut que vous ayez déjà lu quantité d'ouvrages proposant des exercices et que vous les ayez faits un peu à la va-vite, mentalement, avant de passer à la suite de votre lecture. C'est une manière de faire, bien sûr ; nous l'avons aussi testée. Néanmoins, lorsque l'on s'offre un cahier bien à soi pour noter ses pensées, s'écrire, pour se donner le temps de répondre à ce qui est proposé et à ce qui émerge tout seul sans que ce soit demandé, il se passe quelque chose d'autre. Quelque chose de magique qui nous permet de faire des avancées, parfois incroyables, sur le chemin de retour vers soi.

En plus, c'est une jolie manière de s'honorer et d'honorer son courage de partir à la découverte de son monde intérieur, ce qui n'est pas rien !

Alors, pourquoi ne pas déterrer ce joli cahier où vous notiez des choses importantes dans le passé ou aller en chercher un tout beau tout neuf pour l'occasion ?

ACCUEILLIR LE TUMULTE INTÉRIEUR

Si vous êtes concerné par la haute sensibilité et que vous l'ignorez ou en doutez encore, il est possible qu'il y ait une foultitude de barrières et de protections érigées pour vous empêcher d'en prendre conscience dans le calme et la sérénité. Il n'est pas impossible qu'à la lecture de certains passages vous soyez traversé par une déferlante d'émotions :

léger agacement, voire grosse colère, sentiment d'injustice, tristesse, peur, honte, dégoût, ou même une grande joie. Souvent un méli-mélo de tout cela, conjugué à des ressentis diffus ou bien précis à différents endroits de votre corps.

Nous vous invitons, si une grosse émotion vous submerge, à accueillir sa venue. Parfois, vous aurez besoin de lâcher le livre ou de vous révolter contre lui – ou contre nous, ses auteurs. Tout cela est vraiment bienvenu. *Vous* êtes bienvenu tel que vous êtes à tout moment de votre lecture. Prenez donc votre temps et restez à l'écoute de ce qui se passe en vous quand vous lisez, car il se passera très certainement des choses. Même un apparent calme plat est « quelque chose ». Et pourquoi pas en prendre note dans votre beau cahier ?

L'APPEL À CE QUI RÉSONNE LE PLUS… OU LE MOINS

Dans cet ouvrage, vous découvrirez des données et des définitions que nous vous suggérons ou qui ont été proposées par différents chercheurs. Nous avons choisi celles qui font le plus sens par rapport à notre expérience et à notre pratique.

Comme dans tout domaine, et tout particulièrement les sciences humaines, il existe bien d'autres auteurs qui soutiennent des théories et des définitions qui peuvent différer entre elles.

Certaines personnes hautement sensibles ont un grand besoin d'exactitude, et c'est une énorme qualité. Si tel est votre cas, nous vous encourageons à aller plus loin dans l'exploration de ces termes et définitions, jusqu'à *trouver celle qui vous semble la plus juste pour vous*.

De manière générale, nous aimerions que vous puissiez laisser résonner les propositions que nous faisons, puis que vous voyiez « ce que ça dit » à l'intérieur de vous. Vous serez probablement surpris par la finesse de tri de votre boussole intérieure, lorsque vous vous autoriserez à la consulter !

Nous vous souhaitons une bonne exploration de votre merveilleuse sensibilité…

Carol Pirotte
et Saverio Tomasella

Introduction

Inconnue il y a encore quelques années, la « haute sensibilité » ou « sensibilité élevée » est aujourd'hui de plus en plus reconnue, non seulement comme une réalité qui touche au moins un quart de la population adulte[1], mais aussi comme une caractéristique déterminante de la société contemporaine, à la fois plus ouverte aux émotions tout en étant marquée par une grande dureté, une violence envahissante et de très nombreuses exigences de performance.

Dans le même temps, des idées fausses, voire des clichés, se sont développées sur l'hypersensibilité. Par exemple, et parmi tant d'autres :

- « Hypersensible, moi ? Non, alors là, pas du tout ! Moi, je ne suis pas une "femmelette" qui pleurniche à tout va et qui s'effondre pour un oui ou pour un non ! »
- « L'hypersensibilité ? Voilà une nouvelle étiquette à la mode pour vendre et faire plaisir à certains faibles d'esprit

1. Chez les enfants, cette proportion est bien plus forte. Voir Saverio Tomasella, *J'aide mon enfant hypersensible à s'épanouir*, Leduc.s, 2018.

qui se cherchent et se perdent dans le développement personnel… »

- « Tout le monde est sensible, pourquoi parler d'hypersensibles ?! »

Vous qui commencez ce livre, vous avez peut-être déjà entendu des phrases comme celles-ci, adressées à d'autres ou à vous-même. Peut-être qu'une partie de vous était d'accord avec ces idées reçues, mais probablement qu'une autre partie, moins audible mais bien présente, et qui vous incite à lire ceci, vous murmure à l'oreille : « Et si c'était vrai ? Si finalement ce que je vis s'expliquait par l'hypersensibilité ? Si j'étais hypersensible ? »

Longtemps décriée, l'idée de l'hypersensibilité ou sensibilité élevée se répand un peu partout. Cependant, elle n'est pas une idée, mais bien une réalité. De plus, ce n'est pas parce que l'on en parle beaucoup plus dans les médias que la haute sensibilité est désormais plus facile à vivre. Sauf exception, elle reste une caractéristique difficile à accepter pour beaucoup de personnes concernées et pour leur entourage. Alors que *la sensibilité fait partie de la nature humaine*, que son expression est la marque même d'un processus d'humanisation, pourquoi gêne-t-elle encore tant de nos contemporains ?

De façon très paradoxale, il semblerait aussi que bien des individus hypersensibles ou ultrasensibles ignorent ou tentent d'ignorer leur grande sensibilité, soit en en souffrant au point de se croire « anormaux » ou « malades », donc en cherchant vainement des remèdes qui n'existent pas, soit en se coupant de leur sensibilité, ce qui n'est pas une meilleure solution, loin de là. Beaucoup de personnes très sensibles ne s'en rendent pas compte avant longtemps ou ne se l'avouent pas. Sans oublier que la sensibilité élevée n'est pas forcément une caractéristique permanente et qu'elle peut apparaître de façon plus ou moins passagère.

Alors, en quoi l'hypersensibilité et l'ultrasensibilité sont-elles difficiles à repérer ? Pourquoi certaines personnes refusent-elles de reconnaître leur grande sensibilité (ou celle de leurs proches) ? Il existe plusieurs formes d'ultrasensibilité : quelles sont-elles ? Pourquoi et comment la sensibilité élevée peut-elle faire souffrir ? Quels sont les liens étroits entre empathie et sensibilité ? Quelles sont les nuances qui peuvent différencier hyperempathie et hypersensibilité ?

Par ce livre, nous souhaitons vous aider à y voir plus clair, à mieux repérer qui vous êtes et où vous en êtes, surtout pour vous sentir mieux. Nous désirons vous accompagner pour que vous puissiez développer votre vraie puissance sensible d'être humain, pour que vous puissiez vous « empuissancer », vous qui êtes doué d'une extrême sensibilité et d'une puissante empathie. En tordant le cou aux idées reçues, vous favoriserez déjà l'émergence d'une nouvelle perception plus juste et positive de votre manière d'être au monde. En ayant les bonnes informations, vous pourrez enfin vivre en accord avec votre haute sensibilité empathique.

Chaque jour, depuis de nombreuses années, nous accueillons et écoutons dans le cadre de notre travail des personnes douées d'une très forte empathie et d'une très grande sensibilité. Nous sommes en recherche depuis longtemps sur ce thème et nous souhaitons partager avec vous nos découvertes pour vous aider à mieux vivre votre trésor d'empathie et de sensibilité dans la vie qui est la vôtre.

N'oubliez pas que plus une personne est empathique et sensible, plus elle se sent en décalage avec son entourage et plus elle désire vivre en accord avec sa haute sensibilité. De ce fait, *les personnes les plus sensibles sont aussi les plus mobilisées pour faire évoluer le monde vers plus d'authenticité, de générosité et d'humanité*. Nous y reviendrons tout au long de cet ouvrage.

CHAPITRE 1

UNE EXISTENCE PARTICULIÈRE, DES RESSENTIS SPÉCIFIQUES

Pour vous aider à vous découvrir comme vous êtes réellement, plutôt que comme vous croyez être, comme vous voudriez être, ou en fonction de ce que les autres disent de vous, nous vous proposons lors de chaque étape de vous « tester » vous-même. Alors répondez le plus spontanément possible aux questions. Surtout, faites ces exercices comme des jeux, avec légèreté et sans réfléchir, en notant la première réponse qui vous vient à l'esprit.

Avant de commencer, prenez le temps de faire le point avec vous-même *en vous amusant* ! Par exemple en répondant au petit questionnaire page suivante.

EXERCICE

Faites le point sur vous !

Voici un petit questionnaire pour vous y aider. Si certaines questions ne vous conviennent pas, passez à la suivante ou remplacez-les par d'autres questions plus à votre goût…

1. Quel est votre prénom ?

   Aimez-vous ce prénom ?

   En préféreriez-vous un autre ?

   Si oui, lequel ?

2. Quel est votre âge pour l'état civil ?

   Quel est l'âge que vous vous sentez avoir ?

3. Quelle est votre formation ?

   Avez-vous aimé suivre cette formation ?

   Quel est votre métier ?

   Ce métier vous correspond-il ?

   Aimez-vous votre métier ?

4. Comment définiriez-vous en un mot (ou en très peu de mots) :

   > Votre mère ?

   > Votre père ?

   > Chacun de vos frère(s) et sœur(s), si vous en avez ?

   > Votre enfance ?

   > Votre adolescence ?

   > Votre situation actuelle ?

5. Comment vivez-vous l'amour ?

6. Que disait-on de vous quand vous étiez petit(e) ?

7. Quels sont les faits marquants de votre histoire ?

   > Selon vous ?

   > Selon vos parents ?

8. Quel qualificatif vous décrit le mieux ?

   > Selon vous ?

   > Selon votre entourage ?

9. Quelles sont vos petites habitudes ou « manies » ?

10. Quels sont vos petits ou grands plaisirs ?

11. Qu'est-ce qui vous fait perdre vos moyens ?

12. Que vous reprochez-vous (le plus) ?

13. Quelle est votre question existentielle ?

14. Quel est votre plus beau rêve ?

Répondre *en jouant* à ce questionnaire va non seulement vous permettre de vous situer et de mieux vous connaître, mais aussi de vous reconnaître (un peu, beaucoup ou pas du tout) dans les portraits existentiels qui vont suivre. Ils racontent les histoires de vie de sept personnes, que nous retrouverons tout au long de ce livre. Ces personnes sont comme vous, comme nous, des personnes de la vie de tous les jours, avec leurs hauts et leurs bas, leurs bonheurs et leurs malheurs, leurs facilités et leurs difficultés, ni plus ni moins. Prenons le temps de les rencontrer…

PORTRAITS

Amélie, la discrète

À vingt-trois ans, Amélie a son diplôme d'école de commerce en poche, comme ses parents le voulaient. En réalité, elle aurait adoré faire les Beaux-Arts. « Ce n'est pas un vrai métier, ça ! » lui ont-ils assené après qu'elle a osé formuler sa demande. Amélie n'a pas insisté. Elle n'aime pas faire de vagues.

Après ses études, elle a intégré une « boîte » où elle s'est sentie à l'étroit, choquée par le fonctionnement individualiste de la plupart des salariés et le manque de sens de son travail. Après de longues nuits à décortiquer la situation dans tous les sens, elle a décidé de tout quitter – y compris le domicile parental – dans l'idée de démarrer un projet qui lui ressemble, inspiré de ses valeurs écologiques et sociales ainsi que de sa créativité.

Aujourd'hui, elle a déménagé en ville, dans un tout petit studio, et oscille entre des moments de grande joie et d'excitation, d'avoir osé faire quelque chose qui lui tenait à cœur, et des creux abyssaux où elle est rattrapée par la peur de ne pas réussir, de ne pas être à sa place, de ne pas être une « vraie » entrepreneuse, de dépenser toutes ses économies sans « y arriver ».

Depuis quelques jours, de l'eczéma abîme ses doigts. Elle passe de longues heures au téléphone avec sa mère pour essayer de la rassurer (et elle-même par la même occasion), mais parfois c'est dur de devoir rassurer quelqu'un d'autre alors qu'on aurait besoin d'être réconforté soi-même.

Depuis quelques semaines, un (beau !) garçon tourne autour d'elle. Il est mignon comme tout, et elle est tentée d'accepter de sortir avec lui, mais elle n'est pas encore sûre. Elle n'a pas envie de souffrir et encore moins de le faire souffrir.

Elle a encore du mal à récupérer de son ancienne relation avec un homme qui ne la traitait pas convenablement. Elle est donc sur la réserve, parfois même sur la défensive. Et elle s'en veut de ses réactions.

La grande question que se pose Amélie est la suivante : « Ai-je le droit d'exister ? » Nous y reviendrons un peu plus tard.

Youssef et la peur d'avoir peur

Youssef a trente-quatre ans. Il est un juriste passionné spécialisé dans le droit canonique. La littérature, en particulier le romantisme allemand, le jeu de go et la philosophie phénoménologique absorbent le plus clair de son temps libre. Depuis la fin de son doctorat, il vit seul avec ses deux chiens et ses trois chats. Il a du mal à faire confiance aux autres humains, qui l'intimident et dont il se méfie. Les animaux sont bien plus fiables, pense-t-il.

Depuis toujours, ou presque, Youssef sait qu'il comprend tout très vite. Un peu trop vite d'ailleurs. Il est habitué à être pris pour un décalé farfelu. De toute façon, il n'a pas très envie de faire partie d'un groupe quelconque. Il a ses habitudes, et sa routine le rassure au plus haut point. Ses habitudes le préservent des crises de spasmophilie qu'il a endurées lorsqu'il était plus jeune et qu'il redoute plus que tout.

La Ventoline[2] est sa meilleure amie. Et Thérèse aussi, la mamie, voisine de palier, qui l'écoute avec attention et intérêt. Elle lui pose des questions pertinentes. Thérèse fait gagner des points à l'ensemble de l'humanité par sa présence et sa finesse d'esprit : tout n'est donc pas perdu aux yeux de Youssef.

Ses parents n'étaient pas tendres avec lui, nous y reviendrons, ses camarades non plus, alors sa devise est vite devenue : « À quoi bon ? » Cela semble plutôt compréhensible, non ?

---

2. Médicament bronchodilatateur prescrit pour faciliter la respiration en cas d'oppression respiratoire.

Marine, si parfaite

À trente-neuf ans, Marine est la maman de deux garçons de cinq et sept ans et d'une petite Emma de cinq mois. Quelle est la première chose qui saute aux yeux quand on la voit ? Sa « mamanitude ». Marine est maman à 200 %. Elle se dédie corps et âme à ses enfants. Elle a lu tous les livres qui existent (et ils sont nombreux !) sur la parentalité bienveillante et consciente, le maternage, le portage, l'hygiène naturelle infantile, la motricité libre, etc.

Elle veut tellement bien faire ! Elle veut tellement ne pas faire comme sa mère ! À force de vouloir en permanence être cette mère parfaite qui lui a tant fait défaut, elle se noie parfois dans toutes ces théories qui la laissent exsangue.

Marine est épuisée. « Burn-out maternel », lui souffle-t-on à l'oreille. Prends soin de toi ! Mais Marine ne peut rien entendre. Elle sait qu'elle n'en peut plus, mais elle n'a même plus la force de réagir.

Depuis sa naissance, Emma ne dort pas beaucoup, alors Marine est poussée dans ses retranchements par le manque de sommeil. Elle devient donc sournoisement la mégère qu'elle redoute plus que tout. Et c'est la détresse. Son mari lui dit de se détendre, qu'elle en fait trop, et ça la met hors d'elle ! Alors ils sont distants l'un envers l'autre.

Elle se sent seule. Incomprise. Perdue. Épuisée. Mais comme un phénix, tous les matins, elle renaît de ses cendres pour entamer une nouvelle journée.

Comme vous l'avez compris, la hantise de Marine, sa question lancinante est : « Comment être une bonne mère ? », et ce n'est pas facile, tout le monde en conviendra ! En fait, plus prosaïquement, elle ne rêve que de dormir…

Charles, *stone* et *geek*

Charles vient d'avoir dix-sept ans. Il a quitté le lycée en cours d'année. Il n'en voyait plus l'intérêt. Il a arrêté sa scolarité contre l'avis de ses parents, ces derniers se voyant mal le forcer à y aller. Charles fume de la marihuana et du shit depuis qu'il a quatorze ans. À seize ans, il a vécu un « épisode effrayant » lorsqu'il a entendu des voix dans sa tête après avoir fumé un produit acheté à un nouveau dealer. Après quoi, il a été hospitalisé en établissement psychiatrique pendant deux mois pour être aidé à « refaire le vide dans sa tête », comme il dit.

Depuis ce jour, il prend des médicaments contre l'anxiété et pour dormir. Il n'est pas censé continuer à fumer parce que « les mélanges, ce n'est pas ce qu'il y a de mieux », mais la « beuh », c'est la seule chose qui lui permette de vraiment mettre son cerveau sur off.

Alors il continue, malgré le regard inquiet de sa mère et la colère impuissante de son père. Charles est vraiment doué en informatique (software et hardware n'ont aucun secret pour lui) et c'est un pro des jeux vidéo, en particulier de *The Elder Scrolls*. Il aimerait bien devenir joueur professionnel, mais ses parents voient ce souhait d'un œil désapprobateur. Ces derniers, lorsqu'ils considèrent son haut potentiel, trouvent qu'il est en train de tout gâcher.

Pour éviter de leur faire de la peine, Charles a accepté d'intégrer un centre de réinsertion, mais il sent clairement que « ces gens-là » ne le comprennent pas. Comme il n'a pas d'autres plans et qu'il voit que cette solution soulage ses parents, il continue à y aller, mais le cœur n'y est pas.

Pour Charles, c'est très simple, il fait tout pour « ne surtout pas devenir un adulte » ! C'est vrai que certains adultes ne donnent pas envie de le devenir.

Élisabeth veut rendre le monde plus beau

À soixante-trois ans, âge qu'elle porte à merveille, Élisabeth vit à la campagne avec son mari et leurs deux chats. Elle est revenue il y a quelques années s'installer dans son village natal pour y ouvrir un gîte. Après une carrière dans le soin et le service à la personne, qui assurait ses revenus mais la faisait profondément souffrir par ses cadences et ses exigences de plus en plus inhumaines, elle décide de profiter de la retraite pour faire ce qu'elle a toujours voulu. Accueillir du monde dans un bel endroit à son image.

Depuis, elle se sent enfin renaître. Elle a commencé par accueillir des groupes, dont certains proposaient des stages de développement personnel. De fil en aiguille, en les côtoyant, elle s'est intéressée à ce qu'ils proposaient. C'est ainsi, en ce début d'âge mûr, qu'Élisabeth se découvre des passions ignorées jusque-là, telles que le massage et le yoga.

Depuis peu, elle découvre aussi qu'elle a la capacité de ressentir et de percevoir les maux et les émotions des autres. Comme si elle pouvait lire en eux, surtout lorsqu'elle leur fait un massage. Elle aimerait approfondir cette voie, mais elle ne sait pas comment s'y prendre. Elle ne se sent pas légitime et doute continuellement de ce que d'autres appellent « ses dons ».

Issue d'une famille très religieuse, elle se sent tiraillée entre son désir d'explorer ses facultés et la volonté de fermer la porte à ce monde qui l'intimide un peu et qu'elle soupçonne être plein de charlatans. Elle ne voudrait pas être une « charlatane » elle-même… Alors elle se censure.

Pourtant, elle se laisse parfois aller quand elle sent en face d'elle quelqu'un de réceptif. Et ça lui fait un bien fou ! Elle se demande si elle ne suivrait pas une formation sur les énergies. Après tout, pourquoi pas ? « Ai-je le droit d'explorer les mondes invisibles ? » se demande-t-elle avec insistance.

Olivier, l'homme effacé

Olivier a quarante-neuf ans. Il se sent déjà vieux et usé. Pourquoi ce vague à l'âme alors qu'il a tout pour être heureux ?

Olivier travaille dans une banque depuis qu'il a son bac. Il y a fait « carrière ». Pas brillamment, mais honorablement.

Il est marié à Jeanne, responsable de secteur dans le milieu de l'assurance. Ensemble, ils ont deux enfants adorables. Bon, leur grand est beaucoup moins adorable depuis qu'il est adolescent, mais l'amour reste. Enfin, ils font tout pour qu'il en soit ainsi…

La vie d'Olivier était on ne peut plus « normale », jusqu'au jour où, en arrivant au travail, il s'est effondré en larmes devant le rapport qu'il avait à rendre. Olivier a craqué. Il a fait un « burn-out », disent les médecins du travail. Personne ne l'a vu venir. Même pas lui.

C'est vrai qu'il ne dormait plus depuis des mois, des années peut-être ? Et qu'il avait le teint grisâtre et qu'il ne se rendait plus à la machine à café où, auparavant, il blaguait de bon cœur. Vrai aussi qu'il avait une hernie et de constantes migraines. C'est vrai, enfin, que sa femme s'était éloignée progressivement et que leurs relations intimes étaient devenues quasiment inexistantes, ne subsistaient plus entre eux que la gestion logistique et le quotidien routinier.

Olivier ne montrait rien et ne parlait jamais de ce qui se passait à l'intérieur de lui, alors cet effondrement a pris tout le monde par surprise.

Aujourd'hui, il fait un point avec un médecin et avec un thérapeute. Et il découvre l'ampleur du chantier. Il s'est coupé de lui et de ses émotions depuis tout petit et, à présent, tout refait surface. Cela lui fait peur. Il sent qu'il va devoir se confronter à ses ombres, mais il sait qu'il ne peut pas faire autrement : c'est le moment ou jamais de revenir à lui.

Pour ne pas tout perdre. Et peut-être, oui, pour se découvrir enfin…

Alicia, chardon ou hérisson ?

Alicia, trente et un ans, est éducatrice spécialisée. Elle travaille dans un centre pour jeunes en difficulté, le deuxième depuis qu'elle a terminé ses études.

Elle est en rogne contre le monde, qu'elle trouve trop injuste, et elle a du mal à supporter les cadres, les règles et l'autorité pyramidale. Dans l'absolu, elle voudrait aider tous ces jeunes livrés à eux-mêmes, qui ont des familles « en vrac » comme elle les appelle.

Pour se calmer les nerfs, elle fume comme un pompier et attrape bronchite sur bronchite, ce qui empiète sur son sommeil déjà fragile par nature. Elle a un compagnon très patient et très aimant, mais Alicia a du mal à se laisser aimer par lui. Parfois elle ne se sent pas digne de son amour ; parfois elle lui en veut, tout en ignorant la vraie raison de ce mépris ou de ces colères qu'elle sent gronder en elle.

Elle est extrêmement jalouse chaque fois qu'une autre femme entre dans le périmètre de son amoureux, et avec son tempérament de feu elle ne se gêne pas pour le faire savoir. Elle s'en veut d'être aussi possessive, sans pouvoir s'en empêcher.

Son chéri aimerait qu'ils aient des enfants, mais elle refuse catégoriquement. Elle dit qu'elle ne veut pas engendrer des êtres dans ce monde torturé et pollué, mais, au fond, elle a peur de mal faire et de leur faire du mal. Est-ce pour cela qu'elle a l'impression qu'« il n'y a plus de parents » ?

ET VOUS, OÙ EN ÊTES-VOUS ?

En lisant ces différents parcours, vous avez peut-être ressenti une sorte de « déclic », ou seulement de vagues proximités, pour vous-même, un membre de votre famille, un ami ou une collègue. Peut-être même que vous vous êtes dit : « Mais c'est de moi qu'ils parlent, là ! » Vous vous êtes probablement posé la question : « Alors, je suis peut-être *hypersensible* moi aussi ! »

Si ce n'est pas le cas, si vous hésitez, ce n'est donc pas aussi simple qu'il n'y paraît pour vous. Alors nous aurons besoin d'expliquer et de dédramatiser certaines « étiquettes », puis de battre en brèche quelques clichés bien enracinés pour que vous puissiez commencer à vous y retrouver. Si nous avons présenté sept portraits, c'est parce que chacun est différent. Ainsi, votre façon à vous d'être sensible est unique et vous appartient.

Vous pouvez aussi partir d'une autre facette de vos ressentis. D'ailleurs, vous allez peut-être vous reconnaître dans une des caractéristiques suivantes :

- Vous pouvez devenir râleur, irritable, irascible, colérique, boudeur et vous emporter pour un détail autant que pour de grandes causes.

- Vous préférez être seul(e) et avez des difficultés à faire confiance ou, au contraire, vous pouvez être très crédule et accorder votre confiance instantanément.
- Parfois, vous aimeriez trouver une astuce, ou même une drogue, qui vous libère de toutes vos souffrances…

Enfin, vous reconnaissez que vous êtes :

- créatif, inventif, novateur ;
- sur la réserve, voire sur la défensive ;
- facilement fatigué, voire épuisé, découragé, si ce n'est désespéré ;
- parfois replié sur vous-même ;
- empathique avec les autres, et vous souhaiteriez que les autres le soient aussi envers vous.

Rêvons un peu !

Oui, pour nous, c'est sûr, vous représentez, les uns et les autres, dans la vie de tous les jours, toute une population de personnes douées de talents extraordinaires, originaux ou essentiels. Vous faites partie de ces personnes qui se croient seules, bizarres et qui sont démunies face au monde à cause de leur manière d'être, de ressentir, de percevoir, de penser et d'exister. Vous en avez déduit que cette façon d'être était inhabituelle et donc dérangeante pour les autres, voire inacceptable pour certains.

Voilà des personnes (vous peut-être ?) qui croient dur comme fer qu'il y a quelque chose qui cloche chez elles et qui passent leur vie à essayer de « le » changer, ce bazar en soi, donc de « se » changer. Il en existe tant de gens qui vivent une lutte permanente contre leur vraie nature. C'est un combat épuisant et perdu d'avance, car entrer dans le moule pour essayer de plaire les dénature et les vide de leur substance. Et se rebeller en permanence contre ces « autres » (qui sont différents ou ne comprennent pas) n'apporte rien de bon non plus.

Ce « peuple », cette « tribu » qui ignore ses talents et sa raison d'être sur terre erre bien souvent en faisant profil bas et en privant le monde, les autres et lui-même de sa lumière et de ses talents.

Nous avons écrit ce livre pour vous dire : « Hé ! Vous n'êtes pas seul ! Vous n'êtes pas un extraterrestre et vous avez plein de choses incroyables à offrir au monde qui vous entoure, pour peu que vous preniez soin de votre manière de vivre et d'être au monde ! »

Pour cela, nous allons vous aider à trouver le courage de vous regarder en face et de vous dire que, oui, il y a bien quelque chose de différent. Ce n'est pas « dans votre tête », comme on aime souvent à vous le rappeler. Cette différence – qu'il convient de nommer pour pouvoir s'en affranchir – est probablement l'hypersensibilité, que vous pouvez aussi appeler « sensibilité élevée », « ultrasensibilité », ou comme vous le voulez, *vous*.

CHAPITRE 2

DU BON USAGE DES ÉTIQUETTES

Et vous, comment vous définiriez-vous avec vos mots à vous ? Comment vous définissent les autres ?

Pour vous aider, commencez par ce petit jeu, qui vous aidera peut-être à y voir déjà un peu plus clair.

EXERCICE

Évaluez ce qui vous caractérise le mieux !

Voici un test qui vous permettra de vous évaluer de façon un peu plus précise.

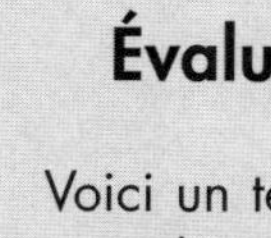

Pour chaque caractéristique présentée dans le tableau ci-dessous, notez de 5 à 1 votre degré d'accord ou de désaccord :

→

> 5 = Tout à fait d'accord.
> 4 = D'accord.
> 3 = Bof. Ne sait pas.
> 2 = Pas vraiment d'accord.
> 1 = Pas du tout d'accord.

Caractéristique	Note de 1 à 5
Vous cherchez à faire comme font les autres ou comme le demandent les autres (parents, conjoint, amis, collègues).	
Vous préférez vous taire ou être d'accord pour éviter les conflits.	
Vous accordez beaucoup d'importance à l'écologie et à la préservation de la planète et y contribuez activement.	
Vous êtes révolté(e) par l'injustice.	
Vous accordez beaucoup d'importance à la solidarité entre les humains.	
Vous aimez particulièrement les animaux et la nature.	
Vous vous dédiez corps et âme à vos proches, à vos collègues ou à vos clients.	
Vous êtes spontané(e), authentique et vous vous émerveillez facilement.	
Vous réfléchissez beaucoup, presque sans arrêt, et vous pesez le pour et le contre, vous décortiquez, etc.	
Vous vous sentez fréquemment en décalage, perdu(e) ou rejeté(e).	

Vous percevez des réalités subtiles que la plupart ne remarquent même pas.	
Vous pouvez vous montrer possessif(ve), jaloux(se) ou exclusif(ve).	
Votre humeur peut connaître de grandes variations et passer du meilleur au pire en quelques secondes.	
Vous vous engagez souvent à fond dans ce que vous faites.	
Vous doutez systématiquement de vous.	
Vous avez du mal à vous croire aimable et à vous laisser aimer.	
Vous vous ennuyez si les discussions restent superficielles.	
Vous avez tendance à trop travailler, tellement vous voulez bien faire.	
Vous voudriez être irréprochable, même parfait(e) !	

Vous pouvez maintenant repérer les caractéristiques que vous avez évaluées et avec lesquelles vous êtes tout à fait d'accord (note 5), puis les ranger par ordre décroissant en partant de la plus vraie, ou plus représentative, pour vous. Si vous le souhaitez, vous pouvez compléter votre liste avec les caractéristiques qui ont recueilli la note 4.

Que remarquez-vous ? Quelles grandes tendances se dégagent de votre façon d'être au monde ?

LES PERSONNES SENSIBLES N'AIMENT PAS LES ÉTIQUETTES

« Toute classification me hérisse ! Je ne supporte pas que l'on m'enferme »,
Sophie, ultrasensible pleine de vitalité

Vous est-il déjà arrivé de porter un vêtement dont l'étiquette vous gêne ? Au début, peut-être percevez-vous juste une sensation, comme une présence. Puis, la journée avançant, lorsque vous portez votre attention sur cette étiquette qui vous gêne, vous vous rendez compte qu'elle vous gratte, voire vous irrite carrément la peau. Ça pique, ça chatouille, ça incommode et, au bout d'un moment, ça prend toute la place disponible dans votre cerveau qui vous martèle : « Fais en sorte que ça cesse ! »

Désagréable, n'est-ce pas ?

Quoi de plus naturel dans ce cas que de se débarrasser illico de cette étiquette encombrante, soit en la coupant, soit en changeant d'habit tout simplement ? Bon, parfois c'est un peu compliqué, comme en plein milieu d'une réunion ou dans une rame de métro bondée. Là, situation oblige, il vaut mieux prendre son mal en patience. Mais dès que nous sommes de nouveau seuls, nous nous hâtons d'enlever cet appendice intolérable.

De la même manière, il se peut qu'en entendant le terme « hypersensible » (ou ultra-, supra-, hypra-, méga-, supersensible), tous vos poils se hérissent d'un coup et que vous entendiez une voix intérieure se révolter en disant : « Eh non ! On ne va pas encore me mettre dans une case ! À bas les étiquettes ! C'est trop réducteur, je ne suis pas *ça*, ou bien alors je ne suis pas *que ça* ! »

Et vous savez quoi ? Nous vous comprenons tout à fait.

Lorsqu'on a une manière bien à soi d'être au monde qui n'entre pas en conformité avec ce qu'une bonne majorité perçoit comme « normale », il est rare de ne pas avoir fait l'objet d'un étiquetage précoce qui, trop souvent, nous colle à la peau :

- Il est trop chochotte.
- C'est une écorchée vive.
- Tu es un timide invétéré.
- Elle est à fleur de peau.
- Je suis bipolaire.
- Mon fils a un TDAH[3] (c'est-à-dire hyperactif).
- Ma fille est HP (haut potentiel).
- C'est une hyperémotive maladive.
- Vous êtes dépressive.
- Il est compliqué.
- Elle est difficile à vivre.
- Tu es insupportable.
- Etc.

3. Trouble du déficit de l'attention avec ou sans hyperactivité.

« L'heureux élu » d'une telle étiquette conjuguée avec le verbe « être » rentre alors dans un parcours bien défini pour essayer de se soigner et d'être un peu moins ceci ou un peu plus cela, par voie médicamenteuse ou pas. Cependant, puisqu'on a appris qu'on « est » ceci ou cela, la tâche s'avère on ne peut plus périlleuse. Alors ces parcours sont souvent douloureux et réducteurs.

Si vous avez déjà fait l'objet d'une (ou de plusieurs !) étiquette(s) de la sorte, vous avez probablement senti en votre for intérieur qu'une partie de ce qu'on disait de vous était peut-être vraie, mais vous ne vous êtes pas reconnu entièrement : « Trop limitant, ce mot » ; « Trop étriquée, cette case… » ; « Je ne peux pas être ça. Ou peut-être que oui ? Quelle horreur, alors ! »

Car ce qui se cache derrière ces étiquettes n'est souvent pas joli joli. Se sentir « nul » ou « inadapté » de temps en temps – voire régulièrement – n'est donc pas rare quand on porte une de ces « appellations contrôlées » (comme pour les vins ou les fromages).

C'est le propre des étiquettes, elles sont réductrices et nous empêchent d'embrasser la totalité de qui nous sommes, ce qui dépasse largement le cadre délimité par l'étiquette en question.

Alors pourquoi nous y revenons dans cet ouvrage ? Pourquoi donc choisir un mot – un de plus ! – pour parler de cette manière d'être au monde, qui finalement n'est pas unique mais multiple avec des milliers de nuances et de cas de figure parfois opposés ?

Au risque de paraître déraisonnables, nous avons fait le choix, en connaissance de cause, d'utiliser cet ensemble de mots (hyper-, ultra-, supersensibilité) relatant une sensibilité élargie, qui teinte l'ensemble de la vie de ceux qui la partagent. Pourquoi ? Parce que nous estimons que cet ensemble de mots est le premier lieu où il est possible de poser son regard avec bienveillance. Il est comme une île où l'on peut se poser alors que l'on a longtemps trimé dans une mer déchaînée, sans comprendre pourquoi ou en quoi nous étions si différents des autres alors qu'en apparence nous étions comme eux.

Ces mots d'hypersensibilité, d'ultrasensibilité ou de supersensibilité sont ici proposés comme cet espace où il est possible de reprendre des forces, en découvrant que sur cette île habitent bien d'autres personnes toutes aussi riches que diverses. Ces « mots-îles » ont pour vocation de vous faire découvrir toutes les merveilles qui les constituent. Vous pouvez ainsi vous réapproprier les multiples nuances qui vous parlent et stocker toute l'énergie et les vivres nécessaires pour vous (re)lancer ensuite dans le périple de la rencontre avec vous-même, dans toute votre immensité.

Même si vous vous retrouvez dans cette grande sensibilité, vous n'êtes évidemment pas que ça. Vous possédez une sensibilité profonde et hors pair, et vous avez plein d'autres talents et qualités, ainsi que des côtés lumineux et des côtés sombres, comme chaque être humain.

Ce premier pas peut être très aidant, car nous sommes invités à découvrir que nous ne sommes pas seuls dans cette quête et dans cette grande sensibilité. Sur cette île, on peut faire des rencontres. On peut aussi y trouver du courage, se reposer, s'informer, prendre soin de soi et s'amuser !

Être doué d'une grande sensibilité n'est pas une fin en soi, et le savoir n'est pas le bout du chemin. C'est au contraire le début d'un beau voyage, comme un premier pas pour découvrir son humanité et grandir.

Notre invitation est donc de voir « au-delà des mots » et de s'emparer de leur contenu pour tous les bienfaits qu'ils peuvent vous apporter dans votre vie. Comme un repère pour mieux vous comprendre, puis vous en affranchir.

Pour ce faire, nous vous proposons quelques définitions pour que vous compreniez mieux les appellations généralement utilisées. Puis nous préciserons en quoi consiste l'ultrasensibilité.

QUELLES SONT LES PRINCIPALES « ÉTIQUETTES » ?

Hypersensible

Pour les psychologues américains Elaine et Arthur Aron, la « sensibilité élevée » est un trait de personnalité et non un trouble psychique[4]. Il se caractérise par un haut niveau de sensibilité aux

4. Elaine N. Aron, *Ces gens qui ont peur d'avoir peur. Mieux comprendre l'hypersensibilité*, Les Éditions de l'Homme, 2013.

stimuli externes, un traitement cognitif des données sensorielles plus profond et une forte réactivité émotionnelle. Selon ces chercheurs, les personnes hautement sensibles (HSP) représentent environ 15 à 20 % de la population.

Hyperempathique

D'après la psychiatre américaine Judith Orloff, les personnes hyperempathiques représentent 20 % de la population. Elles ont un système nerveux particulièrement réactif. Elles ne bénéficient pas des filtres qui permettent aux autres d'éviter les surcharges sensorielles. Elles sont donc influencées par les bonnes énergies autant que par le stress qui les entourent. Elles réagissent énormément à tout ce qui se passe autour d'elles.

On dit souvent que les personnes hyperempathiques sont « trop sensibles » et on leur recommande de « se faire une carapace ». Il leur arrive de souffrir d'épuisement chronique et de vouloir se tenir à l'écart, principalement parce qu'elles se sentent accablées par une trop grande charge émotionnelle[5].

Hyperactif

Le trouble du déficit de l'attention avec ou sans hyperactivité (TDAH) est caractérisé par la conjonction de deux ou trois

5. Judith Orloff, *Le Guide de survie des hypersensibles empathiques*, Leduc.s, 2018.

manifestations : l'inattention, l'hyperactivité et l'impulsivité, présentes à des degrés divers. Ainsi, ce trouble peut concerner un enfant facilement distrait, qui ne termine pas ses devoirs, ne retient pas les consignes et perd ses objets personnels, autant qu'un autre enfant qui est impulsif et agité mais capable de mener à bien un travail qui l'intéresse. Les difficultés scolaires dont souffrent la plupart des enfants avec un TDAH sont liées à certains comportements problématiques ou à un déficit d'attention, mais pas à un manque d'intelligence. Environ 5 à 10 % des enfants seraient concernés, pour 4 % des adultes[6].

N.B. : Le TDAH est une catégorie de la psychiatrie comportementaliste américaine. Il n'existe pas de trouble de ce type pour les autres courants psychiatriques et la psychanalyse.

Hyperpenseur ou « haut potentiel »

La formule un peu dévalorisante « hyperpenseur » désigne les personnes qui mentalisent beaucoup, qui cogitent tout le temps, même la nuit, d'où leur mauvais sommeil.

Le terme « haut potentiel », aujourd'hui utilisé plus spécifiquement dans les pays francophones, désigne la « précocité intellectuelle » ou la « douance » (le fait d'être surdoué). Les individus à haut potentiel seraient dotés d'aptitudes « supérieures à la moyenne » dans un ou plusieurs

6. « Le trouble de déficit de l'attention », Passeportsante.net (article consulté le 6 mars 2018) : www.passeportsante.net/fr/Maux/Problemes/Fiche.aspx?doc=trouble_deficit_attention_hyperactivite_pm

domaines d'habileté : intellectuel, artistique, sportif, etc. Pour autant, leur lucidité et leur perfectionnisme font qu'ils ne se reconnaissent généralement pas comme « surdoués ». Ils représenteraient environ 1 à 2 % de la population, parmi lesquels on compte autant de personnes à « haut potentiel intellectuel » que de personnes à « haut potentiel créatif ou productif »[7].

Leurs caractéristiques sont extrêmement proches de celles des ultrasensibles (voir plus loin), avec des spécificités concernant leur « douance » différentes d'une personne à l'autre. Par exemple, dans le domaine intellectuel, on constate :

- une grande capacité de raisonnement et de résolution de problèmes ;
- une rapidité d'apprentissage ;
- une acquisition de la lecture très précoce ;
- un vocabulaire complexe et extensif ;
- une excellente mémoire ;
- une facilité à manier les chiffres, les lettres ou à réaliser des puzzles[8] ;
- etc.

---

7. Joseph Renzulli, « Qu'est-ce que le haut potentiel et comment peut-on le développer chez l'enfant et l'adolescent ? », *Bulletin de psychologie* n° 485, 2006/5, p. 463-468.

8. Douance.be (site consulté le 6 mars 2018) : www.douance.be/douance-ahp-caracteristiques.htm

Les enfants « précoces » ou à « haut potentiel » sont souvent malheureux à l'école, car ils ont besoin d'exprimer librement leurs talents et n'arrivent pas à se plier aux règles arbitraires ou aux codes réducteurs des systèmes scolaires classiques[9].

Personnalité limite

Le trouble de la personnalité limite ou « borderline » est caractérisé par une forte instabilité émotionnelle : une très grande émotivité, une humeur changeante et une forte impulsivité. Les personnes concernées ont tendance à provoquer des conflits, à manquer fortement de confiance en elles, à se sentir vides, se dévaloriser, se mutiler ou se droguer.

L'Organisation mondiale de la santé (OMS) a fixé des critères permettant de repérer un syndrome borderline, lorsqu'un individu présente au moins trois comportements récurrents parmi les suivants :

- tendance à agir de façon imprévue, sans se soucier des conséquences ;
- tendance aux conflits ou aux accès de violence, associée à une incapacité de contrôler ces comportements explosifs ;
- humeur inconstante et imprévisible ;

9. Les recherches les plus intéressantes sur les « surdoués » sont proposées par les psychanalystes français Carlos Tinoco, Sandrine Gianola et Philippe Blasco, *Les « Surdoués » et les Autres. Penser l'écart*, JC Lattès, 2018.

- perturbation de l'image de soi, des objectifs ainsi que des préférences personnelles (y compris les préférences sexuelles) ;
- tendance à s'engager dans des relations intenses souvent instables, suivies de crises émotionnelles, efforts exagérés pour éviter d'être quitté, menaces de suicide répétées ou automutilation ;
- sentiment persistant de vide[10].

Certains courants psychiatriques et psychanalytiques contestent l'existence même des troubles dits « borderline ». D'ailleurs, pour de nombreux psychanalystes, nous sommes tous des « personnalités limites ».

Introversion, spasmophilie et allergies

On entend souvent dire que les personnes hypersensibles sont « introverties ». De quoi s'agit-il exactement ?

Une personne introvertie a tendance à vivre orientée vers son intériorité, en se détournant plus ou moins du monde extérieur. « Un enfant introverti et sensible, jeté brutalement dans les rires et les jeux, opère une retraite d'autant plus farouche dans le rêve », affirme Emmanuel Mounier[11].

---

10. « Syndrome borderline, trouble de la personnalité borderline », Santeweb.ch (article consulté le 6 mars 2018) : https://santeweb.ch/santeweb/Maladies/khb.php?Syndrome_borderline_trouble_de_la_personnalite_borderline&khb_lng_id=2&khb_content_id=18526
11. Emmanuel Mounier, *Traité du caractère*, Seuil, 1946, p. 720.

Les chercheurs, les poètes, les mystiques sont souvent des personnalités introverties, plutôt repliées sur elles-mêmes, préférant la solitude aux contacts avec l'extérieur.

Lorsqu'elle est peu adaptée à la société, la personne introvertie vit dans un sentiment intérieur d'insécurité ou d'inquiétude. Elle préfère se consacrer à sa vie intérieure.

A contrario, un individu « extraverti » est plus facilement sociable et spontanément tourné vers l'extérieur, et cherche les échanges avec autrui. Pour certains auteurs, les drogues, dont l'alcool, induisent, provoquent ou renforcent une attitude extravertie, au point que, parfois, pour se socialiser certains croient devoir y avoir recours. Il est vrai que les personnes qui se sociabilisent facilement ont beaucoup plus tendance à consommer des excitants (café, thé, tabac, alcool, chocolat, etc.). Une étude intéressante pourrait être menée sur ce thème…

Les termes « introversion » et « extraversion » ont été proposés par le psychanalyste suisse Carl Gustav Jung dès 1921. Dans *Types psychologiques*[12], il distingue deux attitudes fondamentales : s'intéresser aux autres (et au monde extérieur) ou à son propre univers intérieur.

L'introversion et l'extraversion coexistent en chaque être humain : aucune de ces deux attitudes n'exclut l'autre complètement, et certaines personnes les vivent de façon équilibrée, selon les moments ou les contextes. Assez fréquemment, une

---

12. Georg Éditeur, 1997.

tendance prédomine sur l'autre, ce qui donne des personnes plutôt introverties ou plutôt extraverties.

Une enquête[13] récente révèle que :

- un tiers des personnes hypersensibles interrogées se déclarent introverties ;
- un tiers se reconnaît comme extraverti ;
- un tiers se dit à la fois introverti et extraverti (suivant les situations).

Par ailleurs, on relie hypersensibilité et spasmophilie. Ce lien est intéressant, car certaines personnes très sensibles souffrent de spasmophilie, mais ce n'est pas le cas pour toutes, loin de là. La spasmophilie est une « affection bénigne caractérisée par un excès d'excitabilité neuromusculaire, se manifestant par des crises (crampes, fourmillements, malaise, angoisse, hyperventilation, etc.), et parfois par des symptômes chroniques (fatigue, par exemple)[14] ». Bien sûr, l'aspect « excessif » ou intense de l'hyperexcitabilité correspond à une forme d'hypersensibilité.

Enfin, de nombreuses personnes ultrasensibles sont allergiques, présentent des eczémas ou des asthmes, mais là encore cela ne concerne pas tous les hypersensibles.

---

13. Sondage auprès de 81 personnes, réalisé le samedi 28 octobre 2017 à Paris, lors d'une journée portes ouvertes de l'AHS (Association des hypersensibles).
14. Définition du dictionnaire Larousse.

QU'EST-CE QUE L'ULTRASENSIBILITÉ ?

Maintenant que nous avons passé en revue les étiquettes les plus utilisées, il est temps de préciser ce qu'est l'ultrasensibilité. En fait, c'est très simple : l'ultrasensibilité est *la conjugaison de l'hypersensibilité et de l'hyperempathie*.

Une personne ultrasensible se reconnaîtra dans plusieurs des caractéristiques suivantes :

- hyperesthésie ou exacerbation sensorielle (forte réaction aux stimuli sensoriels) ;
- perméabilité aux ambiances, aux énergies, aux émotions de son entourage ;
- grande capacité d'observation, jusqu'aux moindres détails ;
- attention portée aux intonations, aux voix, aux gestes, aux mouvements, aux non-dits ;
- spontanéité, enthousiasme, naïveté ;
- disposition naturelle à sentir avant de penser ;
- curiosité, intérêts variés, imagination débordante, grande créativité ;
- sens de l'humour original, souvent déroutant ou difficile à comprendre ;
- préférence pour la réalisation d'une seule tâche à la fois ;
- idéalisme très marqué, tendance altruiste, beaucoup de générosité et de compassion ;
- amour de la nature, des animaux et de la solitude,

- goût pour le calme, le silence et la spiritualité ;
- quête de l'équité, intolérance à l'injustice et à la violence, pour soi comme pour les autres ;
- impression d'être un extraterrestre ou de ne pas avoir sa place dans ce monde…

L'ultrasensibilité, une étoile à six branches

1. Très grande réceptivité (sensations et émotions).
2. Hyperempathie (accueil, écoute, compassion).
3. Authenticité, intuition et goût pour la spiritualité.
4. Réserve sociale, réflexion et besoin de solitude.
5. Forte exigence vis-à-vis de soi-même (entre autres pour éviter les critiques).
6. Appréhension par anticipation (désir que tout se passe bien pour les autres).

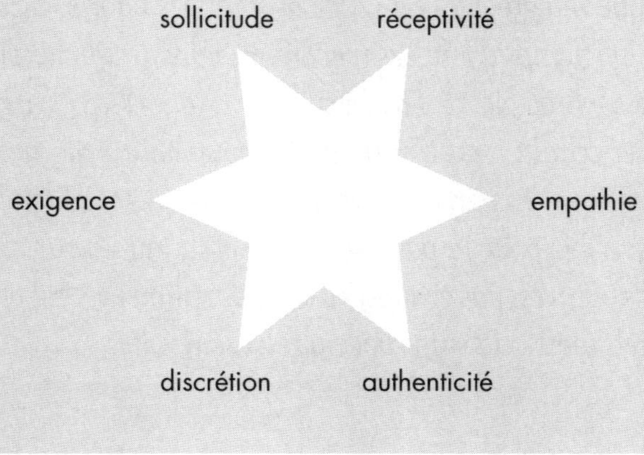

Ultrasensibilité et contagion émotionnelle

La « contagion émotionnelle » est très présente dans la vie quotidienne des ultrasensibles. Pour mieux comprendre ce phénomène, voici deux exemples qui mettent en évidence la grande *perméabilité aux émotions* qui caractérise l'ultrasensibilité.

Ludivine est d'un tempérament posé et tranquille. Elle est avenante, serviable et facile à vivre. Lors de rencontres avec d'autres, elle souhaite bien faire pour que chacun se sente au mieux. Pourtant, elle est intriguée, car elle a remarqué qu'il lui arrive de se mettre en colère à la fin d'un repas familial ou d'une journée dans sa famille. Alors qu'elle est heureuse de voir les siens, de passer un moment avec eux, elle ne comprend pas pourquoi, à un moment, quelque chose dérape dans la relation, et elle se met en colère presque malgré elle. Elle a beau faire des efforts, méditer plus longtemps avant ces rencontres, faire de la relaxation, de la sophrologie, de l'hypnose. Elle a tout essayé, rien n'y fait, et cela la rend très triste. Un jour, enfin, elle se rend compte que ses parents – son père surtout – se débrouillent chaque fois pour la pousser à bout et la faire sortir de ses gonds. Ce n'est pas grand-chose, apparemment, c'est plutôt discret, mais cela suffit pour qu'elle se révolte.

Ludivine est hypersensible, et sa haute sensibilité ne lui permet pas, pour l'instant, de prendre suffisamment de recul : elle glisse sur la peau de banane que l'on pose devant elle.

Sa famille a besoin qu'elle craque, qu'elle dénoue les tensions inconscientes dans le groupe en faisant exploser une colère qui n'est pas la sienne, mais celle de la famille. Du fait de sa sensibilité élevée, Ludivine est la mieux placée pour jouer ce rôle de régulateur (ou de fusible) à l'intérieur de sa famille[15].

Le deuxième exemple concerne aussi la colère, mais dans une situation différente.

Raoul est aussi attentif que conciliant. D'un naturel généreux, il aime aider et donne sans compter. Il s'adapte à toutes les situations : il veut simplement que tout se passe bien. Un jour, au travail, une collègue entre vivement dans son bureau et se plaint de leur patron. Rapidement, Raoul se sent envahi par une forte colère qui le dépasse et, apparemment pour une peccadille, il éclate contre sa collègue. Il finit par lui dire certaines choses qu'il retenait jusque-là, par courtoisie envers elle et pour éviter un conflit avec une personne difficile.

Raoul est hyperempathique. Il sent de façon prononcée ce que ressentent les autres, se « met à leur place », veut sincèrement les aider, quitte à porter des fardeaux bien trop lourds qui ne sont pas les siens, et absorbe très vite leurs émotions. Il se met au diapason de leur état émotionnel. Il n'était pas du tout en colère avant l'arrivée de sa collègue et le devient, malgré lui, en quelques secondes. Bien sûr, par la suite, elle ne manque pas de lui reprocher cette colère qui

15. Cf. Saverio Tomasella, *La Folie cachée*, Albin Michel, 2015.

est pourtant la sienne, ce qui est un comble. Raoul se sent vraiment désemparé.

Ces deux illustrations montrent bien la différence entre hypersensibilité et hyperempathie, et permettent d'entrevoir à quoi peut ressembler la vie des personnes ultrasensibles qui sont *en même temps hypersensibles et hyperempathiques.*

Chaque histoire est unique, chaque personne aussi

Aucune étiquette ne peut indiquer précisément qui est une personne ; aucune catégorie ne peut correspondre à la réalité. Ainsi, nous ne pouvons pas nous définir seulement par nos souffrances, pas plus que par un seul événement de notre histoire. Nous sommes complexes, multiples, riches, variés et, pour une part, mystérieux, y compris pour nous-mêmes.

Une personne peut être extrêmement sensible, tout en rencontrant des difficultés relationnelles dues à un fort sentiment d'abandon ou à une tendance à la dépendance affective, tandis qu'une autre est très empathique, indépendante, tout en se protégeant des autres et en semblant très distante, souffrant parfois d'isolement. Certaines personnes sont introverties, d'autres extraverties, d'autres encore combinent les deux, pouvant être expansives avec un proche de confiance et très réservées en groupe, etc.

Le plus important est de pouvoir se définir soi-même, librement, de façon spécifique, en fonction de ses expériences vécues, et de savoir que chacun de nous est un être en évolution. Rien ni personne n'est jamais figé : tout vit, tout se transforme, tout change.

Personne ne se ressemble. La grande force de l'ultrasensibilité est qu'elle est unique parce que différente pour chacun, donc inclassable.

CHAPITRE 3

PORTRAIT-ROBOT DE L'HYPERSENSIBLE OU LE RISQUE DES CLICHÉS

Nombreuses sont les idées reçues à propos de l'hypersensibilité. Des clichés dressant un portrait de l'hypersensible type circulent autour et à l'intérieur de chacun. Vous en avez certainement déjà entendu un certain nombre ! Avant de les explorer pour potentiellement leur tordre le cou, nous vous invitons à faire ce petit exercice qui va vous aider à préciser l'idée que vous vous faites de la haute sensibilité.

EXERCICE

Qu'est-ce que la haute sensibilité pour vous ?

Pour chaque idée sur l'hypersensibilité, cochez la case « vrai » ou « faux » en fonction de ce que vous croyez vraiment, vous.

Idée	Vrai	Faux
L'hypersensibilité n'existe pas.		
L'hypersensibilité n'est qu'une mode.		
Les hypersensibles captent plus d'informations que la moyenne.		
L'hypersensibilité concerne seulement les femmes, ou surtout les femmes.		
L'hypersensible est faible de caractère.		
Tous les hypersensibles sont susceptibles.		
Les hypersensibles perçoivent les détails avec finesse.		
Un hypersensible est tout le temps débordé par ses émotions.		
Les hypersensibles sont des personnes surdouées ou à haut potentiel.		
Les hypersensibles pleurent pour un rien.		
Les hypersensibles ont un humour bien à eux.		
Les hypersensibles sont bipolaires.		
L'hypersensibilité est un fardeau.		

Idée	Vrai	Faux
Les hypersensibles sont révoltés par l'injustice.		
L'hypersensibilité est une maladie.		
Les hypersensibles ont un sens aigu du détail et de la précision.		
On peut guérir en prenant sur soi et en contrôlant ses émotions.		

Vous pouvez comparer votre conception de l'hypersensibilité avec les informations qui suivent. Ce sera peut-être pour vous l'occasion d'effectuer quelques réajustements…

PORTRAIT-ROBOT DE L'HYPERSENSIBLE

« Tu l'as vue, celle-là ? Elle pleure pour un oui ou pour un non.
– Oui, c'est pénible à la fin ! On ne peut rien lui dire sans qu'elle prenne tout personnellement.
– Oui, je sais. Vous, les bonnes femmes, vous vous noyez dans un verre d'eau ! C'est complètement ridicule de réagir comme ça !
– Il paraît qu'elle est hypersensible…
– Ah oui ? Eh bien, si elle y mettait un peu du sien, elle pourrait contrôler ses émotions et faire comme tout le monde. Ce n'est pourtant pas bien difficile. On y arrive bien, nous ! Et ça nous ferait des vacances en plus !

– Ben, je ne sais pas. C'est peut-être une maladie son truc. Peut-être qu'elle n'y peut rien ?
– Alors si c'est une maladie, elle n'a qu'à aller voir un médecin et prendre des médocs pour s'en sortir. Ça sert à ça la médecine, non ? »

Cet exemple parmi tant d'autres est issu de la vie courante. Ainsi, dans la lignée de ce dialogue, dans l'imaginaire collectif, l'hypersensibilité ressemblerait à :

- une affaire concernant les femmes ;
- un débordement émotionnel ;
- des larmes à tout bout de champ ;
- un manque de maîtrise de soi ;
- une absence de bonne volonté pour être et faire comme tout le monde ;
- un jeu psychologique pour amadouer les autres ;
- de la sensiblerie mal placée ;
- une maladie curable ou incurable pour laquelle il faudrait prendre des médicaments ;
- un fardeau pour soi et les autres ;
- une faiblesse ou une tare ;
- une pose, une posture pour être à la mode ;
- du chichi ;
- etc.

Et vous, que pensez-vous des personnes hypersensibles ?

Prenez vraiment un moment pour vous poser cette question. Laissez venir toutes les images, les sensations, les souvenirs, les sentiments, les pensées qui vous viennent à l'esprit et, si possible, notez-les :

....

....

....

Au-delà des mots que vous avez pu écrire et qui en disent déjà long sur votre perception de l'hypersensibilité, si lors de la réalisation de cet exercice vous percevez que votre corps se crispe, que votre respiration devient plus superficielle, que votre gorge se noue ou que vous avez une impression d'agacement qui émerge, il se peut que vous ayez intériorisé une partie ou la totalité de ces a priori sur l'hypersensibilité, imprimés dans l'imaginaire collectif.

Ceci est tout à fait compréhensible ! Nous avons nagé depuis toujours dans un océan de clichés et été tellement peu éclairés sur notre nature qu'il est parfaitement naturel de ressentir des choses désagréables ou de voir des préjugés émerger sur cette grande sensibilité.

Prendre conscience de ce trait de caractère, qu'il nous concerne personnellement ou bien l'un de nos proches, est vraiment précieux, car cela nous permet de constater qu'il y a des forces qui s'opposent en nous lors de cette découverte.

Qui aurait envie d'être un « hypersensible » tel que décrit au début de ce chapitre ?

Personne, je vous le garantis !

Alors, partons à la chasse aux préjugés et découvrons ce qu'il en est vraiment par rapport à ce trait de caractère, afin d'élargir notre vision et de constater que cette *haute sensibilité* est tellement plus vaste, riche et intéressante que nous ne l'aurions imaginé !

QU'EN EST-IL DANS LA RÉALITÉ ?

En Europe, la proportion de personnes très sensibles s'élèverait à 25 % de la population, c'est-à-dire une personne sur quatre, ce qui est énorme. Cela signifie que les individus dont la sensibilité est élevée sont plus nombreux qu'on ne le croit. Leur sensibilité est tout simplement plus vive que celle de la majorité des personnes, qui ont laissé leur sensibilité s'endormir ou s'émousser au fil du temps[16].

Un contexte peu favorable

Depuis les révolutions industrielles, le monde se technicise : il devient de plus en plus technique, mécanique, et même virtuel avec les télécommunications à distance. Ce monde technique de la maîtrise de la matière est un monde qui n'est

16. Le psychiatre Christophe André parle de « société hyposensible », c'est-à-dire de sensibilité basse ou faible.

pas favorable à la sensibilité. C'est aussi *un monde qui devient très normatif*, orienté vers la performance, rejetant les singularités, et qui pousse à gommer les spécificités qui reflètent l'humanité de chacun. En conséquence, ce monde est de plus en plus rude à vivre pour les personnes très sensibles.

Cependant, la sensibilité élevée n'est pas apparue comme cela tout à coup, par hasard. Elle est le reflet d'une époque, pas seulement en crise, mais surtout en pleine mutation. Pour être capable de se repérer dans un environnement fluctuant, il faut que tous les sens soient aux aguets, ce qui aiguise la sensibilité et la rend plus vive.

Autant d'hommes que de femmes

Le premier cliché que nous pouvons battre en brèche concerne le genre, avec toujours cette même idée erronée et misogyne qui voudrait que les femmes soient plus sensibles, donc plus fragiles, que les hommes.

Dans les faits, la sensibilité élevée touche autant les hommes que les femmes.

Alors, pourquoi serait-il plus facile de dire que les femmes sont plus concernées par la sensibilité ? On voit encore beaucoup de femmes prétendre que la sensibilité est féminine…

Dans une culture longtemps machiste et phallocrate, patriarcale et paternaliste, il était convenu – de façon complètement infondée – que l'homme devait cacher sa sensibilité ou même ne pas en avoir trop, tout juste un peu en certaines circonstances, plutôt rares, mais vraiment pas trop !

La femme est alors devenue l'objet-rebut privilégié sur lequel projeter tout ce qui ne met pas en valeur cette idéologie de « virilité » attendue des hommes : leurs supposés courage, force, puissance, dureté, insensibilité, etc. On prête à ces derniers toutes ces caractéristiques de façon mythologique pour être sûr de pouvoir organiser une société hiérarchique, dans laquelle ceux qui sont dans les maillons « inférieurs » obéissent aux commandements des quelques hommes au sommet de la hiérarchie.

Ce type de société[17] n'est pas favorable à la sensibilité. Son discours idéologique laisse entendre que la sensibilité est uniquement réservée aux femmes et aux « femmelettes », d'où les affirmations du type : « Ça, c'est réservé aux gonzesses », parmi tant d'autres exemples tellement réducteurs.

Tous les mots et toutes les expressions que l'on entend pour discréditer les manifestations de sensibilité servent cette idéologie de « l'homme », de l'insensibilité et de l'organisation hiérarchique du pouvoir.

Dans la réalité, *les hommes et les femmes sont sensibles*. Certains hommes et certaines femmes sont même extrêmement sensibles.

---

17. Heureusement, la société évolue progressivement, grâce aux luttes des femmes et au combat en faveur de la parité entre les genres.

Être un homme et être très sensible

C'est un grand défi d'être un homme hypersensible épanoui, à cause de cette barrière sociale qui dévalorise ou freine la sensibilité chez l'homme…

Il n'y a encore pas si longtemps, on disait : « Un garçon ne pleure pas. » Il ne fallait surtout pas montrer sa tristesse. Il était interdit de pleurer. Chaque garçon devait se débrouiller avec ça : ne rien montrer, rentrer ses larmes, ravaler ses émotions, s'endurcir au maximum, tenir bon, etc.

Pour un homme, il s'agit d'une véritable reconquête, grâce à laquelle il retrouve la possibilité d'exprimer sa tristesse et *la capacité de pleurer*. En effet, à force d'avoir contrarié ce penchant naturel de l'être humain, il devient impossible de pleurer !

Si les hommes ne peuvent pas exprimer leur tristesse, leurs chagrins, leurs peines, par le biais d'une larme à l'œil ou même de vrais pleurs et de vrais sanglots, ils vont l'exprimer autrement, notamment par la colère. Sinon, lorsqu'ils n'expriment pas ce qu'ils ressentent, ils le retournent contre eux-mêmes sous forme d'autodestruction ou l'enfouissent au plus profond.

De fait, chez les hommes très sensibles, surtout ceux qui ont plus de quarante ans, l'hypersensibilité s'exprime parfois de façon plus nette par le biais de la colère, parce que tout ce qui était rentré sort tout à coup, alors que pour les personnes qui ont la possibilité d'exprimer toute la gamme de leurs sentiments, leur grande sensibilité va pouvoir se révéler de toutes sortes de façons, y compris par les larmes.

La sensibilité : force ou faiblesse ?

Curieusement, malgré les évolutions de la société, de nombreuses personnes véhiculent encore cette idée que pleurer, ou manifester sa tristesse et toutes les autres émotions, serait une sorte de « faiblesse de caractère ». Désormais, de façon très moralisante, on appelle ces émotions des « émotions négatives ». Cela montre à quel point les émotions ne sont pas encore bien acceptées.

La sensibilité élevée concerne toutes les émotions, toute la gamme très variée des sensations, des sentiments et des intuitions qui existent chez l'être humain. Elle ne se réduit pas seulement à une émotion en particulier.

Certaines personnes hypersensibles sont très à l'aise avec leur grande sensibilité, d'autres moins, car cela dépend aussi de l'environnement dans lequel elles ont grandi ou dans lequel elles évoluent. Il existe une grande confusion, sociale et culturelle, entre faiblesse et fragilité. L'être humain est aussi un être vulnérable, un être fragile – c'est ce qui fait sa grandeur, sa beauté, sa force. Cette fragilité permet de ressentir plus fortement les situations humaines que nous vivons et favorise une grande empathie, une grande sympathie, une grande compassion pour l'autre, que ce soit dans des situations heureuses ou malheureuses. N'oublions pas que l'empathie peut aussi nous permettre de participer au bonheur ou à la joie de quelqu'un d'autre ; elle ne concerne pas seulement la souffrance ou la douleur.

Cette confusion délibérée entre fragilité et sensibilité, d'un côté, et faiblesse, de l'autre, est un *jugement de valeur*. Elle est même devenue un préjugé selon lequel toute manifestation de sensibilité serait une marque de faiblesse. Cela implique du mépris envers la sensibilité et les personnes sensibles, et un rejet de l'expression de la sensibilité. Ce raccourci est néfaste, dommageable. Dans les environnements socioculturels où l'on pense que l'expression de la sensibilité est une forme de faiblesse, les personnes vont essayer de ne pas exprimer leur sensibilité, ou alors vont le faire sous une forme ironique, voire cynique, qui dévalorise encore plus les manifestations de la sensibilité.

Vivre à fleur de peau

On entend souvent aussi que les personnes qui ont une grande sensibilité sont très « susceptibles » ou « douillettes ». Certains croient qu'elles sont tout le temps « à fleur de peau », débordées par leurs émotions, par leurs ressentis…

Cela dépend beaucoup de la façon de considérer le fait d'être « à fleur de peau ». On peut le juger d'une façon méprisante, dévalorisante, en disant : « Comme c'est assommant, cette personne-là ressent trop les choses ! » Pourtant, bien entendu, *personne ne peut ressentir trop*… L'entourage de cette personne se plaint qu'elle est à vif. En fait, on lui reproche d'être vive, c'est-à-dire vivante, parce que c'est moins tranquille qu'une personne qui ne s'exprime pas ou qui ne ressent pas grand-chose.

On peut aussi considérer qu'être à fleur de peau est une très grande qualité qui permet de sentir les choses de façon très subtile et très fine, de ressentir des nuances et des détails que d'autres personnes ne perçoivent pas habituellement, donc que c'est formidable d'être à fleur de peau !

Néanmoins, le plus souvent, cette façon d'être est vue comme un défaut chez les personnes qui expriment spontanément leur sensibilité. Ces personnes sont trop souvent rabrouées du fait de leurs émotions et se sentent mal à l'aise. Certaines ont même honte de ressentir des émotions et les refrènent.

C'est ce jugement de valeur, répondant aux critères de la société ou de l'environnement social, qui devient gênant. L'individu n'est plus dans la liberté, la spontanéité de vivre sa sensibilité comme elle vient, comme elle est, mais dans la posture inconfortable (voire invivable) de quelqu'un qui essaie de se retenir, de s'effacer ou de se faire oublier alors qu'il n'y arrive pas.

Cette lutte intérieure devient source de mal-être et de souffrance, et génère un malaise non seulement en soi, mais aussi avec les autres.

Un conflit inutile entre hypersensibles et moins sensibles

N'oublions pas que ce qui est acceptable pour l'un peut être très différent de ce qui est acceptable pour l'autre.

Par exemple, certains peuvent facilement dire de quelqu'un qui exprime sa tristesse qu'il est « larmoyant », alors que ce n'est pas du tout le cas. De même, on dit facilement de quelqu'un qui est spontané ou enthousiaste qu'il est

« fleur bleue » ou qu'il est « mièvre ». La plus grande sensibilité d'une personne par rapport à la sensibilité moyenne de son environnement va très souvent être qualifiée de façon péjorative, parce que les autres n'ont pas ou plus accès, ou ne veulent pas avoir accès à une sensibilité pleine et entière.

Il vaudrait mieux dire ou se dire : « Quelle belle sensibilité, c'est fabuleux… »

> *« Cela m'arrive souvent de rencontrer des personnes qui sont plus sensibles que moi, bien que je sois moi-même très sensible. Je suis émerveillé, étonné, et aussi plus attentif. Comment dire… Ça m'éveille tellement de voir des enfants, des adolescents ou des personnes qui ont une sensibilité très vive que cela me met dans la possibilité de "sentir plus", de percevoir quelque chose que je n'avais pas encore perçu. Chaque fois, c'est un cadeau ! »*

Alors plutôt que d'être dans cet accueil de la diversité, de la différence, puisque nous ne percevons pas exactement les mêmes choses et que nous n'avons pas exactement chacun la même sensibilité, il y a un rejet global de cette différence. Ce rejet se manifeste par des reproches ou des critiques qui dévalorisent l'expression de la sensibilité et discréditent la personne sensible.

Les différences de sensibilité peuvent produire une stigmatisation, douloureuse pour la personne qui, au fond, vit simplement chaque situation avec plus d'intensité et une plus grande originalité que son entourage.

Chaque forme de différence peut faire peur... Alors, effectivement, au lieu d'ouvrir le champ des possibles et de tendre vers la nouveauté, l'ouverture, une nouvelle gamme de sensations, d'émotions, de sentiments et d'intuitions, on constate un repli sur soi, comme une perte de potentiel, une fermeture...

Précoces ou surdoués ?

Cette question se pose souvent concernant le lien entre hypersensibilité et « surdouance » ou « précocité ». Certaines personnes affirment que tous les hypersensibles sont précoces ou surdoués, d'autres que tous les « hauts potentiels » sont hypersensibles, à l'exception de quelques surdoués purement « intellectuels » qui se seraient insensibilisés – coupés de leur sensibilité.

Ce qui est vrai, c'est que la plupart des enfants ou des adolescents qui ont passé les fameux « tests » et que l'on reconnaît comme étant « hauts potentiels » ou « précoces » sont hypersensibles, mais pas tous non plus. Cela ne va pas automatiquement ensemble[18].

Nous avons remarqué que le fait de développer notre sensibilité, d'accepter de vivre avec une sensibilité élevée va inévitablement développer nos potentiels : notre palette de créativité, nos dons, notre richesse dans la

18. Il existe de très nombreux points communs entre les « zèbres », ou personnes « multipotentielles », et les personnes ultrasensibles. La seule différence, peut-être, concernerait l'ironie et le sarcasme, parfois présents chez les zèbres et absents chez les ultrasensibles.

manière d'appréhender les situations humaines, donc notre intelligence profonde, notre intelligence relationnelle, notre intelligence du cœur.

Le lien le plus important est là. *La sensibilité est le fondement même de l'intelligence et de la créativité*, donc plus nous développons notre sensibilité, plus nous avons de chances de développer notre intelligence et nos ressources créatives.

Aujourd'hui, après plusieurs rencontres et discussions entre chercheurs sur la surdouance et l'hypersensibilité, nous constatons que les caractéristiques des zèbres ou surdoués et des personnes ultrasensibles sont quasiment identiques ; elles se rejoignent largement. Il vaudrait donc mieux parler plus globalement de « personnes atypiques ».

Une autre vision du monde

Les personnes douées d'une grande sensibilité ont-elles une manière de réfléchir, de percevoir le monde différente de celle des personnes qui sont moins sensibles ?

Potentiellement oui, mais ce n'est pas forcément réalisé. Là encore, ce « potentiel » est élevé…

Les personnes très sensibles qui vivent dans un environnement extrêmement rationnel, intellectuel, ou dans un environnement très matérialiste ou très mécaniste, ne vont pas pouvoir développer toutes leurs potentialités comme leur grande sensibilité leur permettrait de le faire. Dans ce cas-là, *leur vision singulière du monde et leur idéal ne sont pas encore révélés.*

Cette révélation est primordiale. Elle peut avoir lieu grâce à une thérapie, une rencontre, une amitié, un amour, un stage de développement personnel ou tout ce que la vie permet de découvrir sur notre part d'humanité et sur notre unicité.

Une grande sensibilité permet d'appréhender la réalité de la vie et les relations humaines de façon différente, avec une vision plus globale, une empathie plus forte, une ouverture d'esprit plus large et moins de matérialisme…

Ce que nous avons découvert ces dernières années est vraiment très encourageant : les personnes qui ont une sensibilité élevée ont *une façon particulière d'habiter le monde*. Elles sont à la recherche d'un sens authentique et profond, à rebours des idéologies dominantes. Ce sont aussi des personnes qui ont une grande ouverture spirituelle et un important besoin de proximité profonde avec la nature. Il s'agit de spiritualité au sens large. Une sensibilité élevée permet de percevoir des réalités qui ne sont pas forcément les plus tangibles, les plus apparentes. Elle donne accès à des réalités plus subtiles, plus fines. Ainsi, les personnes très sensibles sont fréquemment en recherche, dans une quête existentielle ou même essentielle, peut-être plus approfondie ou plus consciente que d'autres personnes.

Fardeau ou cadeau ?

Alors, de fait, pour pas mal de personnes qui ont cette sensibilité élevée, le sentiment persiste que cette sensibilité est tout sauf un cadeau, que c'est une espèce de fardeau lourd à porter, du fait de ce regard dépréciatif de la société. Parfois aussi, elles sont submergées par toute cette intensité de la vie, du monde, etc.

Pour comprendre pourquoi l'hypersensibilité est mal considérée, il est nécessaire de tenir compte de plusieurs dimensions :

- **La première dimension** concerne le matérialisme ambiant. Dans une société qui met l'accent sur l'aspect organique du corps, sur la réussite matérielle, financière, sur toutes ces machines et ces outils qui peuvent nous aider dans la vie quotidienne ou le travail, et qui oublie l'âme et le cœur de l'être humain, une personne très sensible peut se sentir tellement en décalage, avec ses aspirations d'élévation spirituelle, d'éveil, de vie plus douce ou de meilleure compréhension entre les êtres humains ou de meilleures relations à la nature. Ce grand décalage peut provoquer de la tristesse, de la peine, du chagrin, voire du découragement, de l'abattement et, dans des cas les plus douloureux, du désespoir. Il est donc très important de tenir compte des souffrances des personnes très sensibles, qui se sentent tellement différentes de la plupart de leurs contemporains qu'elles en sont attristées, voire désespérées. Elles ont besoin de retrouver espoir et confiance.
- **La deuxième dimension** correspond aux environnements, plus ou moins favorables, dans lesquels nous évoluons. Certes, nous rencontrons depuis quelques années des personnes ultrasensibles qui s'en sortent très bien, qui le vivent très bien, qui sont vraiment très à l'aise, très heureuses de leur grande sensibilité, mais ce n'est pas le cas de la majorité. Pour une grande partie des personnes hypersensibles,

le fait d'avoir grandi dans une famille peu réceptive, ou dans un environnement peu respectueux (école, amis, travail) de leur sensibilité, leur fait vivre leur grande sensibilité comme « un problème ». Malheureusement, il arrive souvent que l'entourage n'accepte pas, ou pas suffisamment, leur grande sensibilité, et les repousse, les rejette, se moque d'elles, les tourne en dérision, leur demande de se taire ou les mette à l'écart… Ces personnes-là ne comprennent pas pourquoi ce qui est effectivement un véritable trésor, une merveille – leur sensibilité – ne leur permet pas, au contraire, de se faire mieux accepter, d'apporter une vision plus riche, et potentiellement plus créative, plus vivante, où que ce soit, dans leur famille, dans leurs liens d'amitié ou d'amour, ou au travail. Finalement, ne pas pouvoir apporter tout ce que leur sensibilité pourrait offrir là où elles sont les attriste, les déprime et les rend malheureuses. De là, découle l'idée – fausse – que leur sensibilité serait une malédiction !

- Enfin, **la troisième dimension** concerne l'histoire vécue de chacun. La sensibilité de chaque individu se mélange avec d'autres réalités, d'autres difficultés, d'autres enjeux. Notre grande sensibilité est complètement imbriquée avec toute notre histoire, avec l'ensemble de notre caractère et de nos possibilités, avec nos croyances et nos conceptions, avec les influences (bonnes ou moins bonnes) qui nous ont façonnés. Cela explique d'ailleurs pourquoi chaque personne très sensible est unique et pourquoi les difficultés rencontrées ne sont pas les mêmes d'une personne à l'autre.

Aussi, aider les personnes hypersensibles à gagner en confiance, à se libérer de leurs traumatismes anciens, à oser affirmer leurs différences leur permettra de vivre de mieux en mieux leur grande sensibilité, au plus près de qui elles sont vraiment.

La sensibilité n'est pas une maladie

On entend parfois parler de l'hypersensibilité comme si c'était une « anomalie », voire une « maladie ». Cela génère l'idée reçue selon laquelle, en « prenant sur soi », on pourrait « en guérir ».

Quelle grave erreur ! Là encore, cette idée est liée au fait que la société, dans sa puissance de normalisation, veut mettre tout le monde dans des cases – si possible d'ailleurs dans les mêmes moules – et désigne très vite comme une pathologie tout ce qui la dérange parce que non conforme à la moyenne ou au consensus.

C'est vrai aussi bien pour la sensibilité élevée que pour tout ce qui n'est pas standard. Toutes les personnes atypiques sont concernées par ce phénomène… L'hypersensibilité a pu être désignée, à tort, il y a longtemps, comme « hystérie », puis comme « état limite », et aujourd'hui comme « bipolarité », mais on trouvera encore d'autres étiquettes, tout aussi réductrices, avec l'évolution de la psychiatrie et des catégories de la psychopathologie.

En fait, c'est une façon de mettre les gens à distance en leur demandant de se normaliser, de se rééduquer, pour correspondre à la moyenne générale, qui, finalement, est beaucoup moins sensible, ou se veut beaucoup moins sensible. En effet, certaines personnes sensibles mettent aussi leur sensibilité en sommeil.

Désigner comme maladie tout ce qui dérange est une tendance générale. Or la sensibilité de l'être humain est sa nature même ! Un être humain est naturellement sensible.

Le fondement même de la santé de l'être humain, c'est sa sensibilité. Plus un être humain connaît, développe et exprime sa sensibilité, mieux il vit, mieux il se porte et mieux il est globalement, y compris du point de vue de sa santé.

Il est donc essentiel et vital de combattre ce préjugé, en affirmant que l'hypersensibilité et l'ultrasensibilité ne sont absolument pas une maladie, mais, au contraire, une preuve de bonne santé. La sensibilité élevée permet d'être dans une grande intelligence, dans une forte empathie, dans une puissante créativité.

Nous avons besoin de cette sensibilité qui est la nôtre, qui est humaine. Nous en avons besoin plus que jamais pour répondre aux défis du monde qui évolue, pour nous permettre et permettre à nos enfants et petits-enfants de vivre sur une planète qui puisse nous accueillir, les accueillir et leur offrir d'y vivre dignement. En réalité, *nos sensibilités sont un formidable trésor et une grande force* pour mieux vivre et mieux comprendre les enjeux du monde contemporain.

J'ai découvert que je ne suis pas du tout un extraterrestre mal adapté à la vie sur terre !
Je me sens tellement mieux, du coup !
CLOD

CHAPITRE 4

VOYAGE AU PAYS DE L'ULTRASENSIBILITÉ

Les contrées hypersensibles sont riches, intenses, voluptueuses, épineuses, délicieuses, rocambolesques, abyssales, sombres comme la nuit et lumineuses comme le soleil. Venez explorer avec nous ce pays multiple, teinté à l'infini des couleurs de vos spécificités et de votre unicité. Et laissez-vous aller dans la découverte de cette terre qui est peut-être la vôtre. Bienvenue à la maison !

EXERCICE

Explorez le merveilleux continent de votre sensibilité !

Pour ce faire, voici un grand jeu.
Écrivez spontanément et librement (sur deux colonnes) une liste de mots qui caractérisent le mieux votre sensibilité :

→

> 1re colonne : telle que vous la vivez, vous ;

> 2e colonne : telle que les autres la perçoivent et la décrivent.

Ma sensibilité telle que je la perçois	**Ma sensibilité telle que les autres la décrivent**
…………………………………	…………………………………
…………………………………	…………………………………

Puis, allez chercher ces mots ou ceux qui s'en rapprochent le plus dans l'abécédaire poétique (et humoristique) qui suit.
Par exemple, si vous avez écrit « anormal » ou « pas normal » dans votre liste, allez donc voir à « Normal ». De même, pour « tristesse » ou « déprime », allez consulter « Cafard » ou « Mélancolie ». Pour « sixième sens », reportez-vous à « Intuition », etc.

Si la définition des mots (les plus importants pour vous) vous convient, vous pouvez vous l'approprier pour mieux vous comprendre ou mieux vous faire comprendre. *Sinon, inventez votre propre définition*, celle qui correspond à votre propre expérience sensible. Amusez-vous, libérez vos talents !

Vous pouvez aussi jouer d'une autre façon, en lisant seulement les mots ci-dessous qui vous intéressent ou qui vous intriguent, ou en vous promenant au fil des mots comme dans un jardin enchanté…

Bonnes découvertes !

ABÉCÉDAIRE POÉTIQUE

Ambigu : Se sentir complexe, au caractère et à la conduite indéfinissables, laissant planer un doute. Mystérieux mystère que cette personne douée d'une sensibilité sans bornes. Difficile à cerner par les autres et par elle-même. Ce qui peut la faire souffrir et l'amener à se demander : « Pourquoi ne suis-je donc pas d'humeur plate et prédictible comme la plupart ? »

Ancré : « Cesse de rêver », « Tu planes », « Espèce de tête en l'air » ou encore « Redescends sur terre » sont autant de petites phrases maintes fois entendues par l'hypersensible. Il est si bon et salvateur d'avoir son monde à soi (et rien qu'à soi), où il est possible de se réfugier à tout moment. Néanmoins, pour revenir parmi ses congénères terriens, rien de mieux que de revenir dans son corps, dans ses sensations – quelles qu'elles soient ! – pour s'ancrer et vivre l'instant présent en étant avec le monde.

Appartenir : Besoin profond ressenti par nombre de personnes atypiques désireuses de faire partie d'un groupe pour se sentir *enfin* comme les autres. Ce désir de ne plus se sentir extraterrestre, bizarre et isolé peut parfois pousser la personne au cœur sensible à vouloir se fondre dans la masse, oubliant ses besoins et ses spécificités au profit de l'ensemble, qu'elle estimera mieux qu'elle et qui la rassurera jusqu'à un certain point. Si une gêne de ne plus savoir qui on est survient lorsqu'on est en groupe, il peut être pertinent de s'interroger sur le choix de ce groupe et de se demander : « Est-ce qu'au plus profond de moi je leur ressemble ou ai-je envie de leur ressembler et d'appartenir à ce groupe ? » Si la réponse est non, alors il peut être temps de chercher à nourrir ce besoin légitime ailleurs. Le bonheur absolu se manifestant lorsque l'on trouve d'autres semblables au cœur sensible avec lesquels on peut échanger en toute authenticité et sécurité.

Autres (les) : « L'enfer, c'est les autres », comme le dit Sartre dans *Huis clos*. Les autres peuvent parfois être vécus ainsi par les personnes hautement sensibles dont l'histoire personnelle et l'environnement leur ont fait comprendre que leur manière d'être au monde n'était pas « adaptée », ou « excessive », et « à proscrire ». Parfois, une incompréhension profonde s'établit entre les personnes douées d'une très grande sensibilité et celles dont la sensibilité est moins exacerbée, les deux parties n'imaginant pas que l'autre vive le monde de manière différente. Les personnes à la sensibilité moins intense étant plus nombreuses que les hypersensibles, elles peuvent interpréter comme « anormale », incompréhensible – voire dangereuse ou maladive – cette manière d'être au monde, pourtant si riche et précieuse. La question à se poser est : comment rendre moins lointain cet *autre* que je ne comprends pas, en prenant en compte qu'il « existe » d'une autre manière que la mienne ? Cela vaut aussi pour les personnes hautement sensibles qui pourraient être tentées de s'éloigner ou de stigmatiser ces *autres* qui ne les comprennent pas et qu'elles ne comprennent pas non plus. Vive les différences qui nous enrichissent tous !

Béat : Émerveillement sans fin face à cette petite fleur qui pousse dans un recoin de ville bétonnée ou au chant joyeux de cet oiseau léger. Bouche grande ouverte, temps qui s'arrête, la grande sensibilité amplifie à l'infini les petits riens en rendant ces bonheurs sublimes.

Bisounours : Si vous voulez énerver au plus haut point une personne ultrasensible, dites-lui : « On n'est pas dans le monde des Bisounours ! », lorsqu'elle exprime un de ses rêves, une de ses visions ou intentions. Pour ceux qui ne le sauraient pas, les Bisounours sont de magnifiques créatures du monde des dessins animés, mues par l'amour. Cette expression, bien qu'empreinte de bon sens et de « réalisme », montre cependant une bonne dose de désenchantement. Les désirs d'un monde meilleur sont pourtant des remèdes bien connus à la morosité et sont des moteurs pour faire avancer les choses dans le bon sens. Alors vive les Bisounours !

Bouton (off) : Vous aurez beau explorer votre corps sous toutes ses coutures à la recherche du bouton qui arrêterait ce cerveau emballé, vous ne le trouverez pas. Ce bouton est souvent traqué avec frénésie et son absence regrettée avec amertume, à la suite d'une surchauffe de ciboulot par rumination incessante ou angoisses persistantes. Si vous commencez par accepter cet état de surchauffe, vous verrez que le bouton « off » n'est pas si inexistant qu'on pourrait le croire.

Cafard : Bestiole rampante et redoutable installant sa

demeure dans les lieux les plus sombres et les moins fréquentés des maisons. Lorsque le cafard débarque, il est courant d'entamer une guerre sans merci pour l'exterminer. Il est moche et il fait peur, monsieur le Cafard. Et il envahit les maisons du cœur en un rien de temps, rendant plus dur que tout de s'en défaire par la suite. Quelle âme ultrasensible n'a pas déjà constaté avec horreur que le cafard était de nouveau dans la place, et ressenti la peur de ne pouvoir le déloger ? Mais n'ayez crainte ! Cette créature rampante, envahissante et peu ragoûtante est un haut dignitaire de notre monde intérieur dépêché pour nous inviter à prendre grand soin de nous. Il est là pour exprimer quelque chose ! Malheur à celui ou à celle qui chercherait à tout prix à l'anéantir sans écouter son noble message. Si, par bonheur, nous prenons le temps de l'écouter en buvant une bonne tasse de thé ou de tisane à ses côtés, il délivrera son message et repartira de bon gré. Et vous verrez qu'il n'est collant que parce qu'il attend d'être entendu. « Bienvenue, monsieur le Cafard ! Quel bon vent vous amène en ce jour ? »

Changement : La sensibilité très élevée fait rarement bon ménage avec le changement. Source de gros stress pour nombre d'ultrasensibles, il apporte son lot d'incertitudes, d'impossibilité à contrôler ce qui va se passer et d'angoisses multiples. Afin d'éviter le changement et l'inconfort qu'il suscite, nombre de personnes hautement sensibles vont préférer rester dans des situations larvées qui leur ôtent leur énergie, préférant le « mauvais connu » qu'un possible « meilleur à venir ». Paradoxalement, certaines personnes très sensibles se retrouvent malgré elles en situation de grands changements de vie lorsqu'elles sont à bout et qu'elles n'en peuvent plus. Elles peuvent alors tout envoyer par-dessus bord et recommencer à zéro en déployant des talents extraordinaires et des capacités d'organisation logistique et humaine hors du commun, même si cela leur coûte de gros efforts dont elles ne s'aperçoivent que plus tard par un épuisement soudain. Dans ce cas, la personne très sensible a tout intérêt à regarder avec admiration le chemin parcouru et le courage déployé, et à s'octroyer un bon repos bien mérité ainsi que toute la douceur du monde.

Chocolat : Pour celles et ceux qui le supportent, le chocolat peut représenter un refuge inconditionnel. Noir bien corsé ou plus doux avec du lait, agrémenté de petits bidules, ou nature, cette substance délicieuse s'avère pour beaucoup un havre tantôt consolant, tantôt boostant dans ce monde vécu parfois comme hostile. Un carré par-ci, un carré par-là, le chocolat est là pour celui qui cherche un peu de réconfort. Lorsque la ruée vers ce délicieux mets se fait trop pressante, il serait peut-être utile de prendre le temps de se poser la question suivante : « Vais-je tenter de faire disparaître une surcharge émotionnelle ou sensorielle grâce à ce délicieux chocolat ? » Si la réponse est oui, alors peut-être qu'il serait bon d'en prendre conscience, pour le déguster, ce bon chocolat, en toute connaissance de cause et prendre soin de sa surcharge quelle qu'elle soit – ou de son vide intérieur – avec beaucoup d'amour pour soi.

Compliqué : Contraire de simple. La simplicité, ce vœu pieux auquel aspirent nombre de personnes à la sensibilité amplifiée. « Je suis trop compliqué », « Tu es trop compliqué », « Nous sommes trop compliqués »... Cet adjectif se conjugue à l'infini et ramène à une dure conclusion : « *Simple is beautiful* » et « compliqué est désagréable et encombrant ». Donc « il faudrait se changer et se zénifier pour devenir moins compliqué et plus simple » ! Ah, si c'était si simple... Voilà les voix d'un combat rageur et stérile lorsque sont ignorées la saveur et la profondeur de la complexité, qui est loin d'être compliquée.

Contrôler : La très haute sensibilité est souvent accompagnée d'une grande lucidité quant à l'impermanence des choses ou à la dureté du monde. Puisque cette impermanence est souvent porteuse de chaos et d'incertitude, il peut s'avérer tentant d'essayer de contrôler le plus possible les événements, les personnes et nous-mêmes pour réduire les dégâts de ce mouvement incessant apporté par la vie. Or il peut être si épuisant de vouloir tout contrôler – pour soi et pour les autres – qu'un désir de lâcher prise peut se manifester lorsque la « contrôlite aiguë » nous tenaille. Dans ces moments, notre juge intérieur, plus impitoyable qu'un juge de l'Inquisition, peut nous taxer de tous les noms et nous faire sentir « rigides et nuls ». Prenons dans les bras ce juge féroce qui a juste besoin d'un gros câlin et ralentissons un peu. Le besoin de tout contrôler devient très fort lorsqu'on se sent en danger. Pourriez-vous prendre quelques instants, cher ami pris dans une tempête contrôlante, pour voir à quel endroit vous vous sentez menacé, déstabilisé, hors de vous ? Si vous laissez émerger cette peur et que vous acceptez qu'elle soit là, elle vous revaudra ça en vous permettant de lâcher prise sur tout le reste.

Démuni : Tourbillon d'émotions envahissantes, vague à l'âme qui prend d'assaut sans crier gare, dispute éclatante avec le conjoint, la voisine ou le collègue qui fait se sentir tout petit ; trop de bruit, trop de foule, trop de solitude… Voilà qui éveille ce sentiment d'être démuni et sans ressources. Sensation qui fait peur et qui trompe à propos des ressources innombrables déjà déployées depuis toujours face à l'épreuve. Le meilleur moyen de s'en souvenir, c'est de prendre le miroir et de constater qu'on est toujours là, preuve qu'on n'est pas si démuni que ça !

Éclairé : Discernement avisé, situation observée sous un nouveau jour, avec des reflets plus vastes, plus profonds et insoupçonnés : voilà le caractère éclairé des interventions et des visions de ceux qui ont une sensibilité élevée. Si vous êtes dans l'ombre, approchez-vous un peu d'un ultrasensible et vous profiterez ainsi de la lumière pétillante de ses yeux et de son âme.

Éponge (émotionnelle) : Impression vécue par les personnes dotées d'hyperempathie (la capacité à ressentir comme si c'étaient les siennes les émotions, sensations et pensées des autres). Lorsqu'on est doué d'un tel degré d'empathie, il est indispensable de savoir que tous les ressentis et sensations que nous éprouvons *ne proviennent pas nécessairement de nous*. Certaines âmes ultrasensibles peuvent être submergées de sensations diverses lorsqu'elles se rendent dans des lieux ou auprès de certaines personnes. Ces ressentis arrivent souvent sans crier gare et sont en résonance avec ce qui se passe chez l'autre, dans le groupe, voire dans les lieux. Grâce à nos neurones miroirs, extrêmement développés chez les personnes ultrasensibles, nous pouvons percevoir – confusément ou en conscience – des informations à propos de l'état émotionnel ou physique de nos interlocuteurs. Il s'agit d'une capacité très précieuse qui nécessite, pour son bon usage, d'apprendre à faire la part des choses entre ce qui nous appartient et ce qui appartient à notre voisin. Pour le savoir, il suffit parfois de (se) poser la question : ce ressenti me concerne-t-il ou pas ?

Extraterrestre : « J'ai l'impression d'être un extraterrestre débarqué sur terre sans le mode d'emploi… Et je veux rentrer à la maison. » Voilà une sensation typiquement éprouvée par les personnes hautement sensibles. Parfois, au plus secret de soi, le rêve est que ce soit vrai. Qu'il y ait eu une erreur d'aiguillage d'âmes lors de sa conception, un vaisseau égaré quelque part, puis soi-même déposé par mégarde dans un foyer étrange. Le désir d'être rapatrié sanitaire dans sa vraie demeure, là où il serait (enfin) possible de se sentir à l'aise et de faire partie de l'ensemble. Peut-être que vous avez prié très fort pour être ramené chez vous et que le fait de réaliser que vous êtes encore et toujours là chaque matin est parfois vécu comme une terrible privation. Or la haute sensibilité fait bel et bien partie des caractéristiques d'une bonne vingtaine de pourcents de la population. Au moins… Énorme pourcentage ! C'est juste qu'on ignore notre existence commune parce qu'on n'en parle pas tant que ça, et qu'on est casés ailleurs, dans des tiroirs qui brouillent les pistes et qui ne correspondent pas tout à fait à qui nous sommes, vraiment, entièrement, pleinement. Alors le doute persiste sur son humanité et sa capacité à un jour se sentir intégré à cette espèce terrienne (humaine ?). Parfois, il suffit de savoir que de nombreuses autres personnes vivent et ressentent les choses de manière similaire pour ôter le sentiment d'extraterrestritude et partir à la recherche de ses congénères, qui peuvent être si près, beaucoup plus près qu'on ne l'aurait imaginé !

Fermé : On dit « fermé comme une huître ». Une huître, ça ne se referme pas juste comme ça, pour le plaisir. Elle le fait quand elle sent un danger. C'est un mécanisme de protection. La notion de danger est différente chez chacun d'entre nous. Les personnes douées d'une sensibilité déployée perçoivent des dangers que d'autres ne peuvent capter. Une odeur annonciatrice de malheur qui échappe aux autres, une intuition fulgurante qui présage d'un possible drame… Combien de vies ont pu être sauvées dans l'histoire grâce à cette perception plus subtile qui peut amener à se retirer et à se fermer pour mieux se protéger !

Fastidieux : « Ce qui rebute en provoquant l'ennui, la lassitude. » Le monde peut être un endroit très fastidieux pour celles et ceux qui vivent intensément et qui doivent se conformer aux règles carrées, enfermantes et ennuyeuses d'une hiérarchie sourde, injuste et peu inventive, ou à une routine entêtante et dépourvue de sens. Que le monde serait beau s'il était rempli de plus de « faste » et de divin ! Il en serait bien moins fastidieux !

Foule : Grand monstre menaçant et oppressant pour certains êtres doués d'ultrasensibilité. À apprivoiser par petites doses, avec beaucoup de douceur et d'amour pour soi. Supermarché en centre-ville à 18 h 45, marché de Noël le 24 décembre à 14 heures, concert gratuit en sous-sol sont autant de lieux-moments rassemblant les foules. Si vous y allez, sachez que ça ne sera pas de tout repos pour vous, et que c'est tout à fait naturel d'être submergé ou fatigué après une telle immersion. Un petit bain de foule peut remettre vos sens aux aguets après une phase de grotte prononcée (voir « Grotte »).

Fusible : Dans les familles et les groupes en général, lorsqu'il y a une tension, un dysfonctionnement ou un malaise, il est courant qu'une personne « prenne sur elle » la surcharge d'énergie provoquée par cette tension. Les individus doués d'une grande sensibilité occupent souvent le rôle de fusibles, subissant avant les autres les dégâts de ces guerres ou oppositions parfois bien silencieuses, mais ô combien présentes. Maladies en tout genre, émotions déferlantes et idées noires peuvent alors assaillir la personne ultrasensible, cherchant à somatiser et à exprimer par son corps, et tout son être, ce qui a tant de mal à être dit. Ce n'est pas parce que les autres membres du groupe ne perçoivent pas dans leur chair ce mal-être ou ces dégâts qu'ils n'existent pas. Si vous avez l'intuition d'être le fusible de service, demandez-vous quel « mal-à-dire » exprime votre mal-être ou votre symptôme. Peut-être que votre corps est en train de se mettre au service des autres, en prenant la surtension sur lui pour alléger l'ensemble. Pas étonnant si vous avez alors l'impression de disjoncter ou de « péter les plombs ». Si vous avez l'impression d'être le fusible de service, essayez d'être doux avec vous-même et rassurez-vous : tout n'est pas dans votre tête.

Grave : D'accord, grave signifie aussi « lourd » et « pesant ». Et, parfois, on peut se sentir comme ça quand on est doté d'une grande sensibilité. Mais ça parle aussi de celle ou de celui qui se comporte et agit avec réserve et dignité, qui donne de l'importance aux choses. Les personnes dotées d'une grande sensibilité accordent de l'importance aux choses qui ont de l'importance : la vie, l'amour, la nature, l'humain, l'enfance, etc. Et ça, c'est *vraiment* important !

Grotte : Tout ultrasensible qui se respecte devrait avoir sa propre grotte pour se réfugier par temps agité. Pas forcément une grotte du genre suite royale au grand luxe, mais juste un espace à soi, rien que pour soi, le temps d'y puiser des forces, de se retrouver, de renouer avec soi, avec ses besoins, avec un état plus calme et apaisé, plus doux et aimant. Quelques hauts lieux de « grottitude » : les toilettes ou la salle de bains (hors heure de pointe familiale), le banc le plus éloigné du parc, le fond de son lit, les bras de son ami(e) ou amoureux(se) gardant le silence. Cette grotte est l'espace-temps à défendre et à utiliser sans retenue. Si vous vous « engrottez », ne soyez pas inquiet, le monde continuera à tourner sans vous, et vous ne vous en porterez que mieux à votre retour. Pour votre plus grand bien et celui de vos proches !

Hérissé : Les poils supersensibles se hérissent face à l'injustice et au manque de tact, face à la méchanceté gratuite et au manque de sens. Pour caresser un hypersensible dans le sens du poil, lorsque celui-ci est hérissé, pensez à le regarder à la fois très doucement et droit dans les yeux pour lui parler avec le cœur. Son poil se « des-hérissera » illico !

Humour : Ah, l'humour des grands sensibles : tout un poème ! Souvent friands de jeux de mots, de subtilités de la langue, de petites farces livrées avec un regard innocent, les ultrasensibles ont un humour sensible qui n'est pas du goût de tous, mais dont la finesse est grande à qui saura ouvrir son cœur. La plaisanterie lourde, qui se moque d'autrui, est inconcevable pour les hypersensibles. Alors, si vous êtes coutumier des blagues indélicates, ne vous étonnez pas de ne pas faire rire la personne hypersensible assise à vos côtés. À chacun son humour, n'est-ce pas ?

Île : Endroit lointain et paradisiaque où souhaiteraient s'échapper nombre d'âmes sensibles lorsqu'elles se sentent trop heurtées par la vie. Parfois, les hypersensibles ont l'impression d'être sur une île, d'où elles voient le continent des personnes plus « normales » et moins « intenses », qu'elles observent tantôt avec admiration, tantôt avec incompréhension, sans toutefois arriver à assécher cet océan qui semble les séparer. Sur une île, on peut se sentir protégé et, par moments, on se sent aussi… isolé. Prendre son radeau et naviguer sur les eaux peut s'avérer salutaire lorsqu'on a fait le trop-plein d'entre-soi, pour aller découvrir de nouveaux rivages et d'autres belles îles inexplorées. Petit rappel en cas d'exploration outre-marine : pensez à remplir l'intérieur de votre navire de bonne nourriture qui vous permettra de tenir en cas de disette. Pensez aussi à votre boussole pour retrouver le chemin de retour… à vous.

Invisible : Sensation expérimentée à certains moments par les ultrasensibles ayant du mal à trouver ou à prendre leur place dans ce monde. Cette sensation d'invisibilité peut se manifester lorsqu'on s'est trop coulé dans le moule et qu'on a oublié qui on est vraiment. Elle se manifeste particulièrement lorsqu'on est en groupe, et de manière plus exacerbée lorsque nous rejouons des scènes de notre histoire personnelle, en famille ou avec nos proches et collègues. Pourtant, cette sensation d'invisibilité peut être une place difficile à quitter, car elle permet aussi de voir sans être vu, d'observer les autres à sa guise sans être trop perturbé. Et cela peut être confortable aussi.

Instable : Contraire de stable. Qui change donc… d'état émotionnel, de sensations corporelles, de pensées : la vie, quoi ! *Une personne hautement sensible est donc une personne hautement vivante* qui se sent traversée et, idéalement, se laisse traverser par le flux du vivant, qui est changeant et mouvant.

Intensité : Degré d'activité, de force et de puissance avec lequel nous expérimentons la vie. Être hautement sensible implique de l'intensité dans sa manière de percevoir, de s'exprimer et d'être au monde. Nous n'expérimentons pas tous la vie avec la même intensité. Et celle-ci varie en fonction des jours, de notre état d'esprit du moment, de la situation. C'est parfaitement humain d'osciller entre des moments de grande intensité et d'autres où tout semble en état d'hibernation. Notre voisin, lui, peut vivre la même situation que nous avec un calme olympien (en apparence en tout cas !) tandis que, nous, nous sentons que le tapis se dérobe sous nos pieds et que nous allons nous étaler de tout notre long. À chacun son intensité, toutes peuvent s'exprimer.

Intuition : Sixième sens permettant de ressentir des « choses » qui n'ont pas d'explication logique, mais qui s'avèrent souvent justes lorsqu'on accepte de les entendre. L'intuition est fulgurante, limpide et inexplicable. De ce fait, elle peut être rapidement parasitée par son adversaire toutes catégories : le doute, qui a pour habitude de tout faire capoter. Lorsque le doute s'installe, l'intuition s'envole aussitôt. Ce n'est qu'après coup que l'on se dit : « Il aurait mieux valu que je m'écoute… » Les personnes hautement sensibles ont souvent une intuition très fine et développée qui provient, entre autres, du fait qu'elles captent énormément d'informations subtiles qui leur permettent de ressentir de manière directe ces fulgurances. S'entraîner à écouter et tenir compte de ses intuitions est un merveilleux cadeau à se faire, sans modération !

Jamais : Mot *fermeur* de portes qui cherche à nous garder en sécurité avec des affirmations telles que : « *Jamais* je n'arriverai à parler en public » ; « Je ne saurai *jamais* être en relation sans me prendre la tête » ; « Je ne pourrai *jamais* me sentir à l'aise dans un groupe ». Il est intéressant de dresser sa liste de ses « jamais » pour voir où sont les frontières que nous nous sommes fixées et de remplacer les « jamais » par des « un jour », ou même par des « facilement ». Ça peut changer tellement de choses !

Il est d'autres « jamais » qui peuvent devenir salutaires : « Je ne m'oublierai plus jamais dans ma relation aux autres » ; « Je garderai à jamais mon intuition et l'écouterai lorsqu'elle m'avertira de relations potentiellement toxiques ».

Kali : Déesse hindoue représentant la destruction. Dans la vie hautement sensible, la destruction « à la Kali » semble faire partie inhérente des cycles intérieurs vécus parfois de manière très violente. Il n'est pas rare que des phases de déconstruction et de destruction, de profondes remises en question et de nuits noires de l'âme parsèment la vie des gens ultrasensibles. Mais loin d'être une maladie ou une tare, ces processus cycliques nourrissent leur vie intérieure, leur permettent de grandir et de renaître de leurs cendres avec plus d'ouverture et de compréhension d'eux-mêmes et du monde. Alors Kali n'est pas à craindre, mais à embrasser avec beaucoup de douceur pour faire la traversée ensemble et permettre ensuite au renouveau qui s'ensuit de voir le jour sous son regard bienveillant.

Léger : « J'ai envie de légèreté. » Voilà un désir verbalisé par les supersensibles qui se sentent comme lestés d'un poids immense. Ce fardeau est communément assorti d'un lot de gravité et de l'impression de lourdeur face à la vie. Il s'avère que les hypersensibles portent parfois sur leur dos des charges multiples relatives à leur histoire, à leur héritage familial et à tout ce qu'ils « encaissent », sans savoir comment faire autrement que de les stocker comme des poids qu'ils portent, malgré eux. Des temps de délestage de ce qui « coince » et de ce qui alourdit peuvent être hautement salutaires, en bougeant son corps, en respirant en conscience, en coupant les liens avec ce ou ceux qui sont nocifs, et bien d'autres nettoyages de l'âme qui redonnent le sourire et la sensation de légèreté tant désirée.

Liens : Il est des liens qui nourrissent, d'autres qui étouffent et d'autres encore qui sucent toute énergie jusqu'à la moelle. La grandeur de cœur souvent présente chez les ultrasensibles les amène à créer et à vivre des liens d'une grande intensité avec les personnes qui leur sont proches (par choix ou pas). Il est de la plus haute importance de chausser ses lunettes intergalactiques de temps à autre, notamment lorsque le cafard ne quitte plus sa demeure, pour vérifier la couleur, l'emplacement, la palpitation et la densité des différents liens qui existent entre soi et les autres. Il est des liens qui sont extrêmement difficiles à assainir, d'autres qu'on aimerait trancher et faire disparaître à jamais, d'autres dont nous aimerions qu'ils soient nourris réciproquement, puis d'autres qui nous surprennent d'être déjà là alors que nous ne les avions pas vus nous envelopper ainsi. Chaque lien a son temps, son rythme, son histoire. Il peut être sage de leur rendre une visite-exploration surprise de temps en temps et peut-être de faire un peu de ménage par-ci par-là. Seul ou avec l'accompagnement de quelqu'un.

Limites : Savoir poser ses limites, oser marquer les frontières entre soi et l'autre, s'armer de courage et dire un « non » bien dit, sans enrobage édulcoré ou sans le fuir comme la peste. Voilà des enjeux majeurs qui triturent souvent l'esprit des âmes ultrasensibles qui aimeraient tant pouvoir le faire mais n'y arrivent pas. De ce fait, les personnes ultrasensibles se plaignent souvent de se faire happer, absorber voire dévorer ou anéantir par l'autre. Ce n'est pas qu'elles n'ont pas envie de poser ces fameuses limites et de les faire respecter, c'est juste que la grande sensibilité est si consciente et aux aguets de tout ce qui se passe chez l'autre que le cœur très sensible ne veut pas blesser. En outre, cette sensibilité si intense brouille parfois les pistes, et il est dur de savoir ce qui appartient à soi et ce qui appartient à l'autre dans son empathie sans limites qui fait ressentir comme sien ce qui touche les autres. Marquer ses limites lorsqu'on se sent fondu avec les autres, avec son environnement, peut devenir particulièrement compliqué. En même temps, il s'agit d'un enjeu majeur pour se réapproprier son soi et vivre sa propre vie.

Mélancolie : Sorte de voile de tristesse qui colle à l'âme et qui teinte la vie de celle ou de celui qui le porte d'un soupçon de gris fumé au goût âpre et cendré. De nombreuses personnes à la grande sensibilité se plaignent de porter ce voile grave et austère qui les empêche de profiter de la vie. Certaines même se sentent sans espoir, ayant l'impression d'avoir toujours vécu avec : « Ç'a toujours été comme ça et il n'y a pas de raison que ça change. » Or comme monsieur le Cafard (voir ce mot à la lettre C), la mélancolie n'est pas l'ennemi à abattre. Elle est porteuse de messages, elle aussi. Et souvent, elle recouvre avec ce voile des tonnes et des tonnes d'énergie qui demandent juste à être libérées pour être mises au service de celui qui la porte. Gardienne de ces énergies, la Mère Mélancolie ne laisse pas le passage ouvert juste comme ça. Elle a besoin du mot de passe pour laisser entrer l'aspirant à une vie plus joyeuse. Et le mot de passe n'est autre que l'accueil et l'écoute de ce qu'elle a à dire. Mélancolie, mon amour…

Moule : Non, pas la moule marine qui vit sa vie dans l'eau et qui, si elle n'a pas trop de chance, se fait manger avec des frites et un verre de vin blanc dans la « formule rapide » de midi. Ici, il est question de moule au masculin. Confectionné avec soin par la culture et la société qui proposent et parfois imposent de s'y couler et de s'y conformer à vie. Les personnes hautement sensibles le connaissent bien, ce moule. Bien plus que les autres, oh oui, car elles voient bien, depuis toujours, qu'elles ne sont pas conformes à ce moule. Et qu'elles sont priées de rejoindre sans tarder la file d'attente pour s'y couler et cesser de faire des vagues et d'être « ainsi ». Certains hypersensibles, pour essayer de survivre, font la queue avec les autres et s'y coulent, dans ce moule préfabriqué si étroit et peu adapté à leur forme et à leurs mouvements. Ils en souffrent, se tordent, boitent, mais persévèrent, s'insensibilisent même pour supporter une telle amputation. D'autres s'y essaient, mais, pris de crises d'angoisse ou de remise en question profonde, « font tout péter » régulièrement et partent dans leur coin, s'isolant ou réessayant ailleurs de vivre autrement. Parfois, le chemin est long parce qu'ils ont oublié qui ils étaient en route, et c'est douloureux, plein de doutes et de peurs. D'autres encore se rebellent et refusent catégoriquement de se couler dans ce moule, qu'ils tiennent en horreur, s'écartant de la norme et des autres. Là encore, la douleur de se sentir si différent et incompris frappe de temps en temps à la porte. D'autres enfin considèrent ce moule comme un mal nécessaire, parfois s'y coulent et parfois non. Dans certaines circonstances, mais pas tout le temps.

Non-dit : Poison à teneur dangereusement vénéneuse servi à petites doses dans les groupes humains et particulièrement en famille. Le non-dit est très souvent capté – malgré lui – par tous les pores de la personne ultrasensible, qui cherchera à comprendre, à mettre du sens, ou bien encore qui comprendra et se mettra au service de ce secret pour préserver l'équilibre du groupe, quitte à y laisser sa santé. Lorsque cela arrive, l'ultrasensible devient le *fusible* (voir à la lettre F).

Normal : « Je voudrais tellement être normal », dixit tous ces autres « normaux » dont je ne fais pas partie : donc, *différent de qui je suis*. Or la difficulté majeure de cette conclusion, c'est que, bien souvent, la personne hautement sensible ignore qu'elle est douée de cette manière d'être au monde unique. Comme elle ne sait pas mettre des mots sur sa différence, elle a l'impression qu'elle doit balancer le bébé avec l'eau du bain et être tout simplement différente de ce qu'elle est pour être « normale » et donc acceptée par les autres qui, eux, seraient « normaux ». Cela crée un stress immense, car chacun ne peut pas être autre que celui qu'il est. C'est très perturbant de se sentir aussi différent des siens, tel le vilain petit canard, qui voit bien qu'un « truc » ne va pas, sans savoir ni quoi ni pourquoi ni comment s'en sortir. L'avantage du vilain petit canard, c'est qu'on voyait bien sa différence dans sa corpulence, ce qui n'est pas le cas de la haute sensibilité. Elle se mesure plutôt par des petites phrases telles que : « Tu es trop ceci (intense, prise de tête, sensible, contrôlant, gentil…) » ; « Tu n'es pas assez cela (cool, zen, détaché des situations…) ».

Statistiquement, la « normalité » se mesure avec une courbe de Gauss. Des conventions et des critères communément admis de la majorité définissent à partir de quand on sort de la moyenne parce qu'on est trop (au-dessus) ou trop peu (en dessous). La très haute sensibilité – vous l'aurez compris avec votre sagacité sans failles – est *très* haute, donc elle dépasse le degré de sensibilité expérimenté par la plupart. Depuis toujours, les sociétés ont le plus grand mal à savoir « que faire » de ce qui dépasse. Ça fait désordre. Alors elles mettent en place des mécanismes pour régulariser et « normaliser » ce qui est différent ou hors normes. Les atypismes dérangent, selon les temps, un peu, beaucoup, passionnément ou à la folie. Si, au fur et à mesure que vous avancez dans la lecture de ce livre, vous comprenez que vous êtes un ultrasensible qui s'ignore (ou pas), vous comprenez peut-être enfin pourquoi vous ne vous êtes jamais vraiment senti si « normal » que ça : *c'est normal* !

Noyé : Des vagues d'émotions peuvent survenir à tout moment et submerger l'hypersensible au monde émotionnel très déployé. Il peut alors se sentir noyé et redouter, plus que tout, les moments où cela lui arrive et où il perd tout contrôle sur lui et sur la situation. Il est même possible qu'il ait peur… Qui aimerait se sentir tout à coup submergé et noyé par des émotions d'une intensité accablante ? Et s'il était possible de se laisser *volontairement* traverser par cette vague qui nous met sens dessus dessous ? Et s'il était possible de ne plus lutter contre, puisqu'elle est là. De s'y abandonner ? Peut-être partirait-elle bientôt, empêchant la noyade tant redoutée ?

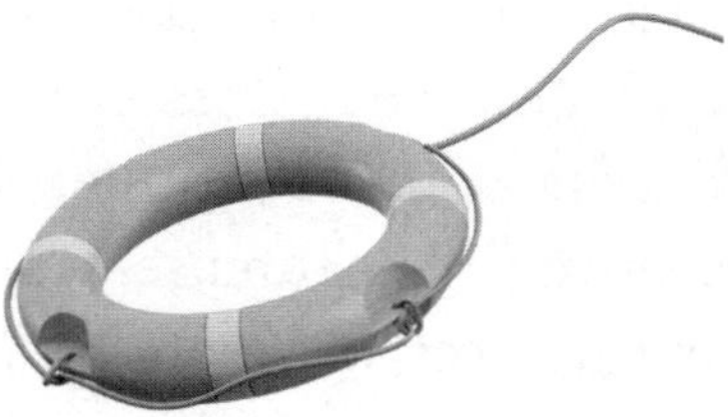

Olympique (forme) : L'énergie chez les personnes hautement sensibles est une affaire sensible. Les standards actuels voudraient qu'une personne bien constituée dispose d'une forme olympique à toute épreuve, au quotidien ! Il faudrait qu'elle prenne soin d'elle, de ses proches, de son activité professionnelle, de la nature, de la planète et plus si affinités, avec le même entrain, jour après jour jusqu'à la fin des temps. Or si vous êtes doué d'une grande sensibilité, vous aurez certainement remarqué que l'épuisement peut vous guetter bien plus souvent (et plus rapidement) que vous ne l'aimeriez et que, parfois, vous avez un besoin impérieux de vous mettre en mode off pour reprendre vos forces et vos esprits, puis continuer à avancer. Malheureusement, puisque ces variations dans le taux d'énergie disponible ne sont pas nécessairement valorisées par l'entourage, la société et pis encore, sa grosse voix intérieure, la personne ultrasensible se sent obligée de faire la sourde oreille à ses besoins de ressourcement, de temps serein, de solitude, de rien. Elle poursuit donc sa course effrénée, se poussant à bout, jusqu'aux frontières du burn-out, et parfois bien au-delà. Pourtant, il est tellement naturel qu'après un moment ou une période de surstimulation, le système nerveux (et l'être tout entier) ait besoin de se remettre. Et si le temps était venu de faire cesser la tyrannie de la forme olympique pour accepter telle qu'elle est *la forme du jour* ?

Phénix : Créature mythique connue pour sa capacité à renaître de ses cendres après un incendie. Les êtres hautement sensibles, contrairement aux ragots colportés à leur sujet, ne sont pas des gens faibles et sans ressources. Ils peuvent s'effondrer et se sentir anéantis mais, contre toute attente, renaissent toujours de leurs cendres, au grand étonnement de ceux qui les entourent. Dans certaines situations extrêmes, ils peuvent même résister et soutenir les autres de manière insoupçonnée, alors que d'autres, en apparence plus robustes, peuvent « collapser » (s'effondrer !) et ne plus se relever.

Place : « Je ne sais pas quelle est ma place dans ce monde » ou bien « Je ne suis pas à ma place » ou encore « Est-ce que j'ai une place ici ? » La question de la place et comment la prendre ou l'occuper est souvent au cœur des inquiétudes des personnes à la grande sensibilité. Pour occuper sa place, il est nécessaire de réaliser qu'on en occupe *déjà une* grâce à ce corps. Cette place, on y a droit tout simplement puisque nous sommes là. (Ah, si ça pouvait être aussi simple que cela !)

Quiétude : Espace-temps de recueillement délicieux où le calme règne et où il est possible de juste *être*, sans avoir à s'affairer. Les personnes très sensibles en ont particulièrement besoin. Il est légitime de faire valoir ce besoin, faute de quoi l'inquiétude prend le dessus et peut faire des ravages.

Riche : S'il est bien une richesse qui caractérise les personnes à grande sensibilité, c'est celle de leur monde intérieur. Une plongée dans la vie profonde d'une personne hypersensible vous donnera le tournis par ses infinis possibles, ses couleurs aux combinaisons inimaginables et ses liens dignes de la fabuleuse toile d'Internet. Une richesse illimitée qui peut nourrir le monde pour le faire avancer en plus joli et en plus sensé, bref en plus humain !

Racines : Voir « Ancré ». Visualiser des racines profondes et nourricières sortant du bas de son corps et retrouvant le cœur de la terre est un moyen privilégié, en particulier pour les personnes très sensibles, pour retrouver force, courage, énergie, et pour revenir à son corps et à l'instant présent.

Saturation : Voir « Seuil ». Lorsqu'il y a trop d'informations, de stimulations : sensations, émotions, sentiments, intuitions, réflexions, demandes, doutes, critiques, reproches, etc. Un vrai moment de repos est alors indispensable !

Seuil : Pour vivre une vie saine et équilibrée, l'être humain a besoin d'évoluer dans un « périmètre de stimulation » qui ne soit ni trop stimulant ni trop peu. Lorsqu'une personne se trouve « bien stimulée », elle est au plus haut de ses capacités. Elle peut ainsi s'épanouir comme une fleur et apporter en toute justesse sa contribution au monde. Il est de la plus haute importance pour les personnes ultrasensibles de connaître leur propre seuil, son amplitude, sa saisonnalité, et les situations qui les font basculer en surstimulation ou en sous-stimulation. En explorant et en connaissant mieux son propre seuil, il est possible de favoriser les circonstances les plus propices à son bien-être, à son épanouissement, et, le cas échéant, de prévoir des plages d'espace-temps pour récupérer (lorsqu'il y a surplus de stimuli) ou de remettre du mouvement (lorsqu'il y a eu sous-stimulation, comme en cas de trop-plein de « grotte »).

Tact : Grande qualité des ultrasensibles, aussi hypersensibles qu'hyperempathiques.

Trop : La personne ultrasensible ayant grandi ou évoluant dans un environnement hostile peut avoir l'impression d'être de trop, ou bien d'être tout le temps « trop » quelque chose. Lorsque l'impression d'être trop (ou de trop) vous gagne, pensez à vous rappeler que ce n'est qu'une question de point de vue et que « trop » ne veut pas nécessairement dire « excessif ». Vous n'êtes pas « de trop ». Ce n'est pas compatible avec la vie parce que *la vie ne crée jamais du trop*. Elle crée ce qui doit exister. Un point c'est tout. Donc, si vous en faites partie, et vous en faites partie puisque vous lisez ces lignes, alors vous n'êtes pas (et ne serez jamais) de trop.

Uni : Les âmes ultrasensibles peuvent avoir la capacité à dépasser ce qui est communément perçu par nos cinq sens pour se sentir, dans des moments de grâce, unies avec le Grand Tout, le cosmos. Ceci n'est pas un rêve ou une vision extravagante. Écoutez vos intuitions… Ou informez-vous auprès des physiciens quantiques et des biologistes modernes pour voir un peu de quoi il s'agit.

Vide : Contraire de plein. Les personnes hypersensibles peuvent sentir un vide incommensurable à l'intérieur d'elles. Ce vide si inconfortable et vertigineux appelle l'envie pressante de le remplir, ou de le fuir. Une ruée dans le placard pour dévaliser ses mets les moins ou les plus nourrissants, ou à la cave pour avaler deux ou trois « p'tits verres », afin de faire passer cette sensation peut être fort tentante. Malheureusement, le réconfort est illusoire et de courte durée. Nombreux sont celles et ceux qui, honteux ou repentis après cette crise de boulimie, vont essayer de « rendre » ce qui a été pris en trop, générant des jugements, un désamour et une douleur de soi très intenses qui ne font qu'accroître ce vide. Cela demande un courage inouï de ne pas assouvir son besoin de remplir et de regarder en face ce vide qui semble si menaçant. Lorsqu'on s'y aventure, on découvre qu'il n'est pas si vide que ça, qu'il a tant de choses à dire et qu'il porte en lui les clés pour se remplir par lui-même. Apprivoiser un vide ne se fait pas en cinq minutes, tout comme apprivoiser un renard. Cela demande du temps, de la patience et beaucoup d'amour.

Visionnaire : Les âmes hypersensibles sont souvent visionnaires. Elles n'ont pas leur pareil pour tisser des liens et créer des associations d'idées. Elles peuvent prévoir la tournure des situations avant même que celles-ci ne soient engagées. Si vous êtes reine ou roi et que vous voulez que votre royaume tourne à merveille, entourez-vous de quelques personnes hautement sensibles : elles vous apporteront la vision et la sagesse dont votre royaume a grand besoin pour avancer et grandir.

Vocation : « Qu'est-ce que tu veux être quand tu seras grand (ou plus tard) ? » Voilà une question qui hante de nombreux supersensibles, petits ou grands. Certains – rares – ont la chance de connaître leur vocation dès le plus jeune âge, alors il leur est facile de répondre à cette question. Pour la plupart, même s'ils veulent apporter une vraie contribution à ce monde, faire quelque chose qui ait du sens et qui leur ressemble, ils n'ont pas la moindre idée de comment s'y prendre ni de quelle voie choisir. Ils peuvent être passionnés par mille choses, mais avoir du mal à se voir dans tel ou tel métier, au sein d'une hiérarchie autoritaire ou dans un cadre trop étroit. Ils peuvent alors tester de-ci de-là, prendre des chemins de traverse, composer leurs propres métiers à leur image ou suivre les conseils de leur entourage, devenir ingénieurs, médecins ou agriculteurs et laisser de côté leurs mille autres mondes au profit d'un choix plus standard et établi. À chacun sa réponse : le mieux est chaque fois *ce qui résonne le plus juste*, et cela peut être différent du jour au lendemain. Au fond, ce n'est pas bien grave ! Si ?

Western : Dans les westerns, on sait très clairement qui est le gentil et qui est le méchant ; c'est rassurant. Dans le monde « réel », les choses sont beaucoup plus nuancées que cela, et les hypersensibles le savent bien. C'est pour cette raison qu'ils peuvent embrasser plein de personnalités et comprendre les actions des uns et des autres, car ils sont capables de se mettre à leur place et de voir qu'ils ont chacun leurs propres raisons.

X (rayons) : De nombreuses personnes, au contact d'ultrasensibles, ont l'impression que ceux-ci peuvent les scanner comme s'ils étaient dotés de rayons X, les faisant se sentir à nu. Il est effectivement courant que les personnes à la sensibilité exacerbée puissent déceler en quelques instants les intentions, les émotions, et même les pensées de leur interlocuteur, grâce à leur système nerveux qui capte des myriades d'informations disponibles dans le champ qui les entoure, qu'il soit biologique, électromagnétique, énergétique ou autre. Sachez qu'il est fort peu probable que cette information soit utilisée contre vous et que vous avez le droit de mettre en mots votre inconfort pour que votre interlocuteur hautement sensible le prenne en considération, car il se peut que le scannage se fasse automatiquement et sans qu'il en soit vraiment conscient.

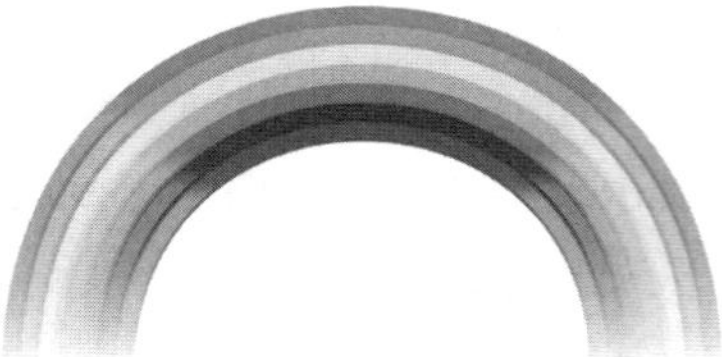

Yo-yo : Yo-yo émotionnel ; mouvements intérieurs incessants qui montent et qui descendent ; montagnes russes accrochées à un fil qu'on ne peut même pas contrôler à sa guise. La sensation d'impuissance face aux tempêtes intérieures peut être immense, et la rancune vis-à-vis de soi, impitoyable. Bien sûr, ce n'est pas drôle de vivre l'effet yo-yo, mais puisque c'est là, serait-il possible de s'en amuser ? Rions, chantons, dansons ! Vive le yo-yo !

Zorro : Héros à la cape noire qui vient sauver la demoiselle en détresse lorsque le méchant est sur le point de lui faire du mal. L'hypersensibilité donne parfois envie d'être un sauveur, comme Zorro. Le désir de préserver les victimes des bourreaux qui les torturent ou des méchants qui les harcèlent, et surtout de *protéger les enfants contre toutes les formes de maltraitance*. Elles peuvent alors s'inscrire dans des causes toutes plus nobles les unes que les autres. Parfois jusqu'à épuisement… Zorro est admirable. Il a un rôle utile dans ce monde, et rien n'est plus vital et nourrissant pour un hypersensible que de se sentir utile. Attention simplement à explorer ce « pourquoi je veux autant sauver l'autre ». De qui ou de quoi veux-je le (me) sauver ? Quelle partie en moi aurait besoin d'être sauvée ? Car être son propre Zorro est peut-être la tâche la plus importante et utile que nous ayons à accomplir.

Pour finir ce grand jeu, voici une proposition : chaque semaine, ou chaque mois, choisissez un mot qui correspond à votre sensibilité. Essayez de vivre cette caractéristique comme une qualité, comme un atout, un don, une force, une source d'équilibre ou de fierté…

Bon, vous avez assez patienté comme ça : voici enfin *le* test !

CHAPITRE 5

QUEL ULTRASENSIBLE ÊTES-VOUS ?

La littérature et le cinéma présentent de nombreux personnages ultrasensibles. Parmi eux, on peut trouver Joseph (le fils de Jacob) dans la Bible, le Petit Poucet, le Petit Prince, Alice dans *Alice au pays des merveilles*, Charlie et Willy Wonka dans *Charlie et la chocolaterie*, Elsa dans *La Reine des neiges*, Celia Foote dans *La Couleur des sentiments*, Amélie Poulain, Poil de carotte, mais encore Yvonne de Galais, Augustin Meaulnes et François Seurel dans *Le Grand Meaulnes*, Werther dans *Les Souffrances du jeune Werther*, de nombreux personnages dans les romans de Jane Austen, Elizabeth Gaskell, Charles Dickens, Virginia Woolf, et tant d'autres, tous extrêmement sensibles et humains, tout en étant très différents les uns des autres.

Et vous, à quels personnages pensez-vous ?

EXERCICE

Déterminez votre type de sensibilité !

Voici un test pour vous aider à préciser votre type de sensibilité.

Pour chaque caractéristique, prenez le temps de vous demander très honnêtement si elle vous correspond vraiment, le plus souvent au moins. Dans ce cas, entourez la lettre dans la case d'à côté.

Vous reconnaissez que...	Entourez
Vous êtes attiré(e) par les personnes qui ont beaucoup d'énergie.	A
Vous avez la capacité de sentir ce que les autres ressentent et d'exprimer ce qu'ils cherchent à exprimer.	B
Vous êtes brillant(e) et vous séduisez facilement.	A
Vous ressentez beaucoup d'émotions, aussi variées qu'intenses.	B
L'enthousiasme des autres vous agace.	A
Vous êtes plutôt pessimiste et vous êtes plutôt convaincu(e) que les autres sont mauvais.	A
Votre mémoire affective est très vive. Vous mémorisez naturellement les noms, les visages et les voix.	B
Vous êtes créatif(ve), inventif(ve), novateur(trice).	B
Vous pouvez être sur la réserve, voire sur la défensive.	B

Vous reconnaissez que...	Entourez
Vous avez l'art de glisser une petite phrase qui fait beaucoup d'effet.	A
Vous êtes convaincu(e) de votre valeur et, souvent, de votre supériorité.	A
Vous êtes facilement fatigué(e) et découragé(e), parfois épuisé(e) et même désespéré(e).	B
Vos principes moraux sont très forts, vous êtes sûr(e) d'être irréprochable.	A
Vous maniez facilement les idées et savez bien les présenter aux autres.	A
Vous préférez être seul(e), vous pouvez être souvent à part ou régulièrement replié(e) sur vous-même.	B
Vous avez souvent l'impression d'être victime des autres.	A
Vous êtes empathique avec les autres et vous souhaiteriez que les autres le soient aussi avec vous.	B
Vous pouvez devenir râleur(se), irritable, irascible, colérique, boudeur(se) et vous emporter pour un détail autant que pour de grandes causes.	B
Vous avez une bonne image de vous-même.	A

→

Vous reconnaissez que...	Entourez
Vous savez très bien vous adapter aux personnes et aux situations.	A
Vous avez des difficultés à faire confiance ou, au contraire, vous pouvez être très crédule et accorder votre confiance instantanément.	B
Il vous arrive d'être tellement découragé(e) que vous aimeriez trouver une astuce ou une baguette magique qui vous libère de vos souffrances...	B
Vous aimez diriger et avoir de l'ascendant sur les autres.	A
Vous avez une sensibilité artistique : une citation, un morceau de musique, une scène de cinéma... vous bouleversent profondément.	B
En fait, les émotions des autres ne vous intéressent pas vraiment, elles vous ennuient.	A

Calculez le nombre de A que vous avez entourés, puis le nombre de B.

> Si vous avez une majorité de A, vous n'êtes pas ultrasensible.

> Si vous avez une majorité de B, il est fort possible que vous soyez ultrasensible.

> Si vous avez à peu près autant de A que de B, votre sensibilité est paradoxale, peut-être même conflictuelle.

> Si vous avez obtenu au moins 10 A, vous êtes plus « hypersusceptible » qu'hypersensible.

> Si vous avez obtenu plus de 9 B, vous êtes ultrasensible, sans aucun doute.

Vous pouvez aussi faire une liste pour mieux repérer votre façon à vous d'être sensible en écrivant les caractéristiques qui vous correspondent et en les classant de la plus importante à la moins importante. Comme chaque personne est unique, le tableau ci-dessus est forcément incomplet : ajoutez les qualités sensibles qui vous caractérisent et placez-les au début ou à la fin de cette liste en fonction de leur importance.
Vous pourrez faire le même test dans six mois, un an ou deux ans. Vous verrez alors de quelle façon vous avez évolué, ou comment vos qualités se sont précisées ou affirmées.

QUE DE CONFUSIONS DANS LA TERMINOLOGIE !

Depuis quelques années, la mode est aux appellations passe-partout, souvent très réductrices, relayées de façon massive et insistante par les médias. Sans compter ces psys très péremptoires qui assènent de fausses vérités et brouillent encore plus les repères. Nous avons vu apparaître les personnes dites « borderline », les « résilients », les « pervers narcissiques » et autres « manipulateurs » en tout genre, tout autant que les « surdoués » ou « précoces » ou « hauts potentiels », les « bipolaires », les « empathes », etc. Il y a fort à craindre que l'hypersensibilité devienne malheureusement une de ses appellations vides de sens que l'on utilise à tout bout de champ, soit pour se définir soi-même dans un sens valorisant, soit pour pointer du doigt quelqu'un d'autre dans un sens dépréciatif.

Si l'on souhaite se mettre en valeur, on va affirmer : « Regardez comme je suis un formidable hypersensible, tellement différent de vous et au-dessus du lot ! »
Dans cette formule, vous pouvez remplacer « hypersensible » par « résilient », « surdoué », « précoce », « empathe », et vous êtes sûr d'être du bon côté.
Si l'on souhaite jeter l'anathème, on va plutôt proférer : « Oh, ça alors, tu es tellement hypersensible, je n'en peux plus, c'est invivable ! »
Là encore, vous pouvez remplacer « hypersensible » par « pervers », « manipulateur », « borderline » ou « bipolaire », et le tour est joué ! Là encore, vous vous retrouvez du bon côté.

Cet exemple permet de comprendre plusieurs choses :

- C'est l'intention qui compte, réellement. Ce que vous dites de l'autre, ou de vous, peut changer du tout au tout en fonction du sens profond que vous accordez aux mots et de l'intention des paroles que vous adressez à l'autre (ou à vous-même).

- Les catégories définies de l'extérieur, puis artificiellement gonflées d'importance par la grosse machine médiatique, sont extrêmement réductrices. Elles ne permettent pas de rendre compte de la complexité de la réalité et de la richesse humaine de chacun d'entre nous.

- Les mots trop souvent répétés perdent de leur sens, et les étiquettes « psy » utilisées sans discernement et sans retenue deviennent des coquilles vides.

Comment faire, alors ? C'est extrêmement simple. Plutôt que de vouloir absolument utiliser les mots des autres, et surtout ceux des médias, pour essayer d'expliquer qui vous êtes et ce qui vous plaît ou vous fait souffrir, le mieux est – chaque fois – d'employer *vos propres mots* et de chercher ceux qui décrivent le mieux l'expérience sensible (donc réelle) que vous êtes en train de vivre (ou que vous avez vécue).

QUELQUES CAS CONCRETS D'HYPERSENSIBILITÉ(S)

Pour être encore plus concrets, nous allons laisser la parole à plusieurs personnes ultrasensibles. À travers leurs témoignages, vous allez comprendre que chaque personne est unique et ne ressemble à aucune autre.

Ugo a neuf ans. Il aime se promener dans la nature. En marchant, il sent les arbres se pencher un peu vers lui comme pour lui parler. L'océan et les montagnes lui donnent un sentiment d'immensité, d'infini. Il pressent qu'il existe quelque chose de bien plus grand que les humains. Quand il entre dans une pièce, il remarque les odeurs, les sons, même ténus, et l'intensité de la lumière. Un film, un spectacle ou un livre peuvent le transporter, ou le bouleverser et le faire pleurer à chaudes larmes. Ugo travaille très bien à l'école. Il fait ses devoirs seul à la maison, mais dès que quelqu'un l'observe, il perd ses moyens. Il est très consciencieux et cherche à éviter de faire des erreurs à tout prix. Il a peur que l'on dise du mal de lui ou que l'on parle dans son dos de façon injuste. Il est facilement touché par les humeurs des autres et ému par ce qui leur arrive, par ce qu'ils racontent.

Nabila vit sa grande sensibilité d'une façon différente. Elle ressent une angoisse de fond, qu'elle attribue à une forme de mélancolie liée à l'idée de la fugacité du temps.

« J'ai peur des conflits, même quand cela ne me concerne pas directement ! Je veux voir tout le monde en accord dans ma famille, au travail, partout. Je suis très anxieuse. J'ai une nette tendance à l'introspection et à l'analyse. Je ne cesse de penser et ça m'épuise ! Je dors mal, mon sommeil n'est ni reposant ni réparateur. Je sens que je ne me déconnecte pas du tout en dormant. Je rumine facilement certains événements, certaines paroles, une conversation (surtout quand il s'agit d'un conflit). Je suis souvent insatisfaite à cause du décalage entre ce que j'ai réalisé et ce à quoi j'aspire (mes ambitions, mes rêves…). Pour autant, il ne s'agit pas d'un manque de confiance en moi. Je me suis beaucoup réalisée sur le plan professionnel, mais je ne me sens pas très satisfaite de ma situation. »

Jérémie précise comment son ultrasensibilité peut le mettre en décalage avec les autres. Il est très proche des animaux, des arbres et de la nature. Il apprécie la sincérité par-dessus tout.

> *« Je suis naturel et spontané avec les autres, surtout avec mes amis. Je parle librement avec eux, je les écoute sans les juger. Je ne le fais pas exprès, je suis comme ça depuis tout petit. Alors j'ai du mal à comprendre pourquoi les autres me jugent si rapidement, croient savoir qui je suis, me font des critiques et des reproches en étant très sûrs d'eux, sans compter leurs conseils souvent complètement à côté de la plaque. Tout cela finit par me décourager. Je n'arrive pas à comprendre pourquoi les relations ne sont pas plus directes et plus simples. »*

D'autres éprouvent même des difficultés à être en relation, comme le montre le témoignage suivant.

> *« L'histoire de ma vie. Solitaire, limite agoraphobe, je feins une énergie que je n'ai pas pour interagir avec les autres. C'est superficiel, mais ça me permet de mieux éprouver le contact social. Parfois je décide que je n'en ai rien à faire, alors qu'au fond ça bouillonne de tout un tas de questionnements et d'émotions. On se protège comme on peut. Je suis hypersensible, et de l'extérieur on me voit comme quelqu'un de sauvage, parfois revêche. La problématique de ma vie ou comment être incompris parce qu'on n'arrive pas à se faire comprendre. »*

Les hommes sont aussi nombreux que les femmes parmi les hypersensibles, pourtant le préjugé d'une hypersensibilité réservée aux femmes reste souvent prégnant.

« Ben, y'a que des filles ? C'est quoi, ce délire ? C'est pareil pour nous, les mecs ! C'est juste qu'il faut faire le bonhomme en permanence pour ne pas se faire traiter de "tafiole" par les autres dévergondés immatures... Les filles se plaignent, mais, croyez-moi, c'est socialement beaucoup plus dur d'être un mec, sur d'autres plans évidemment, d'autres problématiques. »

Une très grande conscience de soi est souvent présente dans les témoignages.

« Je me regarde vivre. J'ai une hyperconscience de l'espace qui m'entoure. Je suis terrorisé à l'idée de ne pas convenir ou de ne pas plaire. En fait, on est trop bien dans l'environnement paisible de la solitude. »

Pour certaines personnes, la découverte de leur « haut potentiel », d'un syndrome d'Asperger ou d'une maladie auto-immune comme la fibromyalgie a joué un rôle déterminant dans la prise en considération de leur sensibilité élevée et la compréhension de ce qu'elles vivaient.

« Vous avez déjà entendu parler du syndrome d'Asperger ? C'est une forme d'autisme assez peu connue, car invisible chez les personnes concernées. Les diagnostics sont rares et souvent très tardifs. Ça été mon cas.

Ma très grande sensibilité semble venir de là. Cela m'a apporté beaucoup de réponses à mon mal-être. »

À travers un défaut (réel ou supposé) concernant son aspect physique, Adeline exprime sa sensibilité à vif.

« Pour celles et ceux, comme moi, qui sont moches, c'est encore plus difficile, parce que je n'ai absolument rien qui puisse attirer la sympathie. Et ça s'est reflété sur mon caractère, je suis devenue extrêmement timide et solitaire. Je me cache plus que je n'ose me montrer. Quand il y a du monde, je fais ce que je peux pour me fondre dans le décor et ne pas être vue. À une époque, au lycée, je faisais tellement d'efforts pour me cacher que certains profs n'arrivaient pas à mettre un nom sur mon visage, ils avaient mon nom sur leur liste mais ne savaient pas qui j'étais. Aujourd'hui, je marche à l'utilité. Quand je rencontre quelqu'un, je vois si je suis utile, si je peux lui apporter quelque chose. Si ce n'est pas le cas, je m'enfuis littéralement. J'ai peur d'être de trop, de déranger. Je me suis souvent fait engueuler pour ça, parce que je ne peux pas m'empêcher de demander si je dérange, tout le temps. »

Les façons d'être « hypersensible » ou de vivre sa grande sensibilité sont tellement nombreuses et variées que nous ne pouvons pas les présenter toutes, d'autant plus que notre sensibilité peut aussi varier d'un jour à l'autre, d'une période à l'autre, être exacerbée à certains moments et se modifier, voire s'intensifier, au fur et à mesure que nous vieillissons. On peut donc dire qu'*il existe autant d'hypersensibilités que d'hypersensibles*.

LA HAUTE SENSIBILITÉ SE DÉCLINE À L'INFINI

L'ultrasensibilité se retrouve chez les artistes, les poètes, les créateurs et, plus généralement, chez la plupart des personnes douées d'une réelle empathie spontanée. Les ultrasensibles ont en commun certains traits de caractère et des façons d'être qui les distinguent des autres.

Les principales caractéristiques de l'ultrasensibilité

- Une attention accrue et un grand sens du détail.
- Une forte réceptivité, qui se manifeste par une grande écoute, un sens artistique développé, une émotivité importante.
- Une perception fine des changements sensoriels et corporels.
- Le sens de la nuance, le tact, la délicatesse.
- Une capacité de réflexion fine et poussée.
- Une saturation rapide lorsqu'il y a trop de stimulations (sensorielles, émotionnelles et intellectuelles) et qu'il devient impossible de traiter toutes les informations à la fois.
- Une tendance à être vite dépassé ou bouleversé.

- L'irritabilité ou la colère en cas de saturation.
- Une grande vigilance, parfois associée à une tendance à la réserve qui n'est pas forcément de la timidité ou une forme d'introversion.
- Une forte sensibilité à la douleur, aux excitants, à la faim, aux bruits, aux odeurs, etc.
- L'enthousiasme, la capacité à s'émerveiller, la générosité et la sympathie.
- Une profonde sincérité, une recherche de relations authentiques.
- Une imagination foisonnante (parfois bridée par la peur d'être jugé).
- Une intuition très vive (rarement écoutée).
- Une formidable créativité (souvent étouffée).
- Une révolte contre toutes les formes d'injustice.
- Une empathie exacerbée, qui se manifeste par une perméabilité aux émotions des autres et par la perception des ambiances.
- Une tendance nette à l'idéalisme, un goût prononcé pour la beauté.
- L'amour de la nature, souvent associé à une quête spirituelle.
- Une vie intérieure riche et complexe.

Et vous ? Quelles sont parmi ces caractéristiques celles qui correspondent réellement à votre sensibilité ?

Pour autant, même si les personnes ultrasensibles partagent certaines caractéristiques, elles ne vivent pas toutes leur grande sensibilité sur le même mode.

Pour simplifier, et en prenant le risque de schématiser, il est possible de repérer plusieurs « types » d'ultrasensibles, c'est-à-dire différentes façons de vivre sa sensibilité. Bien entendu, aucune façon n'est meilleure qu'une autre. Cette présentation est sans hiérarchie.

- **Le sensible réfléchi**
  Il se tient à l'écart des groupes, de l'agitation et du bruit. Il est posé et très observateur. Discret et indépendant, il parle peu, sauf lorsqu'il se confie à une personne en qui il a toute confiance. Volontiers poète et rêveur, il est néanmoins particulièrement lucide.
- **Le sensible boute-en-train**
  Expressif et expansif, il aime être au centre de l'attention et apprécie de faire rire son public. Il supporte mal les contradictions et demande beaucoup d'attention à ses proches. Le fait d'être à la fois très sensible et rapidement débordé par le foisonnement de ses ressentis peut le rendre un peu égocentré, parfois maladroit ou semblant manquer de délicatesse.
- **Le sensible fatigable**
  Très perfectionniste et méticuleux, il souhaite que tout soit bien rangé. Il peut paraître difficile à satisfaire et a tendance à grogner ou à ronchonner. Il vit très mal l'injustice ou la souffrance des autres, se sent facilement incompris ou rejeté. Très touchant et sympathique, il est apprécié par ses amis, qui se confient facilement à lui.

- **Le sensible protecteur**
  Sa sensibilité élevée se conjugue avec une puissante énergie vitale. Il se consacre corps et âme à sa famille, à ses amis, à ses collègues ou à une personne délaissée par les autres. Volontiers Zorro ou chevalier servant, il se dévoue jusqu'à la limite de ses forces pour protéger les uns et les autres. Le soir, il est épuisé, se pose tout à coup et s'endort rapidement.
- **Le sensible stressé**
  Sa très grande sensibilité à vif peut donner aux autres l'impression qu'il se braque pour un rien ou qu'il s'oppose presque systématiquement, parfois en développant une certaine forme de contradiction. Son comportement parfois incongru peut le conduire à être mal accepté par son entourage. Très réactif à tout ce qui se passe autour de lui, il n'est pas volontairement « provocateur », mais plutôt sur la défensive. En fait, ses capacités de régulation (hormonale, cérébrale, émotionnelle et rationnelle) sont dépassées. Il s'agit le plus souvent de personnes qui ont été maltraitées, violentées, accidentées, abusées, durablement manipulées, ou qui ont subi de lourds traumatismes.

Encore une fois, cette « typologie » n'est qu'indicative, tant les façons de vivre une forte sensibilité sont nombreuses[19]. Elle a seulement pour but de mettre un peu mieux

19. Par exemple, en se focalisant sur ce qui est rationnel et en développant préférentiellement l'abstraction et l'intellectualisation, pour les personnes qui mentalisent beaucoup, au risque de se couper de leur sensibilité, ce qui est plus fréquent que l'on croit.

en évidence la très grande variété des sensibilités élevées. D'autant que chaque individu peut correspondre plus ou moins à chacune de ces caractéristiques, selon les moments, selon l'ambiance et les personnes présentes, même si certaines modalités lui correspondent plus que d'autres.

HYPERSENSIBILITÉS PARADOXALES

En elle-même, l'hypersensibilité contient de nombreux paradoxes, ce qui la rend particulièrement intéressante – et difficile – à vivre. Par exemple, la personne très sensible prête une très grande attention aux détails tout en ayant une vision globale des situations. Le paradoxe le plus frappant concerne le désir de bonne compagnie et le besoin de solitude.

Tina l'explique très bien :

« Je déteste les relations sociales. Je ne sais jamais ce qu'il faut faire. Je me retrouve tendue à sourire bêtement et à répondre oui à tout ce que l'on me dit. J'ai juste l'air de l'empotée de service qui ne sait rien faire et n'a aucune opinion. Tout ça parce que je suis mal à l'aise avec les gens. Je suis mieux seule, mais la solitude silencieuse est pesante. En fait, j'aime être seule entourée de gens. C'est un peu paradoxal. »

En dehors des paradoxes intrinsèques à la sensibilité élevée, de nombreux conflits et contradictions émanent de l'histoire de chacun. Ainsi, beaucoup de personnes hautement sensibles se plaignent de souffrir et croient que leurs souffrances proviennent de leur grande sensibilité. Or, le plus souvent, leur difficulté est le fruit de leur fragilité personnelle, de leurs traumatismes, de leur éducation, des événements de leur existence et de l'influence de leur entourage. *Leur sensibilité élevée ne fait que mettre en évidence, voire amplifier, leurs problèmes, leurs douleurs et leurs tourments, mais ne les génère pas.*

Il nous semble fondamental de bien discerner ce qui correspond aux vicissitudes de l'existence, aux misères et aux épreuves que nous endurons, d'une part, et ce qui est la manifestation d'une forme ou l'une autre d'hypersensibilité, d'autre part.

Enfin, les paradoxes ne viennent pas seulement de la personne très sensible, ils peuvent également découler de nombreux facteurs extérieurs, lorsque les valeurs ou les exigences de l'environnement entrent en contradiction ou en conflit avec la sensibilité d'une personne.

> *Un enfant grandit auprès de parents intellectuels souhaitant lui donner une éducation artistique. Au fil des années, ils le poussent à développer sa sensibilité pour réussir dans son activité artistique. En même temps, ils exigent de leur enfant qu'il soit réservé, poli, discret, « objectif et rationnel ». Tiraillé entre ces deux extrêmes, l'enfant se sent perdu. Il vit perpétuellement dans un conflit intérieur, entre une sensibilité foisonnante et l'interdiction de l'exprimer, de la laisser transparaître.*

De façon plus large, les sociétés développées sont elles-mêmes paradoxales et source de contradictions. Les cultures contemporaines sont notamment partagées entre la liberté d'expression et la course à la performance, le culte du corps et la croissance du virtuel, la valorisation de l'individuation et le poids de l'individualisme, la soumission aveugle à une prétendue « objectivité scientifique » et la prolifération de toutes sortes de superstitions, etc.

UNE SOCIÉTÉ EN MAL DE SENSIBILITÉ

Certaines personnes nient l'existence de l'hypersensibilité. Les uns considèrent que chacun de nous peut être plus ou moins sensible selon les circonstances, ce qui est vrai. Les autres affirment que l'hypersensibilité n'existe pas et que seule compte la façon singulière dont chacun exprime sa sensibilité, ce qui est vrai aussi. Ces deux arguments n'empêchent pas la réalité d'une sensibilité élevée en décalage avec la majorité ambiante.

Pour résumer, on pourrait dire en plaisantant que *ceux qui vous traitent de chochottes ou vous reprochent de faire des chichis sont des brutes* ! Ce qui est vrai. Cela permet de renverser la situation pour rétablir la vérité, car ce n'est pas la sensibilité, même très élevée, qui est un problème, mais bien *l'absence de sensibilité*.

Pour une personne ultrasensible, la question centrale est donc : comment être soi et vivre sa sensibilité unique ? Plutôt que : comment se faire accepter en tant qu'hypersensible ? Car, sinon, vous risquez probablement d'attendre très longtemps avant de vous sentir accepté !

Dans la réalité, vouloir être « accepté » présente un risque qui n'échappe à aucun hypersensible. Il s'agit du risque de s'adapter aux autres et aux normes sociales, donc de *perdre son âme*. Certains psychanalystes appellent ce phénomène construire un « faux self » ou « faux soi », ce qui correspond à se forcer, à se suradapter, à se « normaliser », à s'obliger à devenir quelqu'un d'autre pour correspondre à ce que les autres attendent, imposent, prétendent être ou vouloir.

Ainsi, pour se faire accepter, les ultrasensibles ont tendance à dépenser beaucoup de temps et d'énergie pour vivre dans la culture de l'autre, à penser dans les catégories de l'autre et à s'exprimer dans la langue de l'autre. Cet effort permanent a un impact très important sur tout ce qu'ils vivent, y compris dans la sphère intime de l'affection, de l'amitié, de l'amour et de la sexualité. Les grands sensibles y perdent leurs repères et leur spontanéité. Ils se sentent parfois devenir des poupées et des pantins. Ils en souffrent énormément. Là encore, ces douleurs ne découlent pas de leur grande sensibilité, mais de ce qu'ils traversent et endurent pour vivre avec les autres en renonçant à être eux-mêmes. *C'est ce renoncement inutile qui est source de souffrance, pas leur sensibilité élevée.*

Le philosophe, chercheur et psychanalyste français Carlos Tinoco exprime très bien ce jeu de funambule pour tenter de préserver une part de sa sensibilité face aux prescriptions de la normalité sociale : « La question que pose l'hypersensibilité n'est pas seulement la quantité ou l'intensité de la sensibilité, mais la complexité des ressentis, le tumulte des émotions et leurs divergences avec ce qui est attendu par l'entourage ou par la société, qui impose souvent une émotion univoque standardisée[20]. »

Si chaque hypersensibilité est spécifique, chaque hypersensible est unique dans sa façon de trouver un équilibre précaire entre ce qu'il est et ce qu'il se croit obligé de dire ou de faire pour prendre sa place dans le monde, c'est-à-dire pour travailler, aimer et, si possible, créer.

LES DESTINS DE LA SENSIBILITÉ ÉLEVÉE

Les constats qui précèdent montrent indéniablement que les descriptions types de la sensibilité élevée sont forcément hasardeuses, si ce n'est fausses et mensongères. Les destins de l'hypersensibilité varient donc à l'infini. Certains sont surprenants. Au-delà de l'épanouissement dans une activité créatrice pour les artistes ou dans un métier de soin, d'enseignement, de communication pour bien d'autres, certaines personnes extrêmement sensibles peuvent choisir – au contraire – de *se protéger radicalement de leur sensibilité*.

Ainsi le fils d'Étienne… : « Mon fils a très longtemps été hypersensible comme moi. Puis, pendant ses études

20. Le 29 avril 2018, lors du salon Surdouessence, à Nanterre.

à l'université, il est devenu de plus en plus dur, cassant, arrogant, parfois cynique même. D'après les descriptions qui circulent un peu partout, je crains qu'il soit devenu pervers, peut-être pas tout le temps, mais assez souvent, d'autant plus qu'il semble avoir besoin de dominer les autres et veut systématiquement avoir raison. C'est pour moi une immense douleur, comme si je l'avais perdu. À mon avis, il n'a pas supporté d'être aussi sensible dans un monde tellement violent. Il a opté pour une adaptation à ce monde-là, en acceptant ses règles du jeu. Il a vendu son âme et perdu sa belle sensibilité. Il a préféré devenir pervers plutôt que de trop souffrir. »

Sans forcément devenir « pervers », certains grands sensibles peuvent se réfugier dans la froideur et l'abstraction d'une pensée logique désincarnée, voire dans le sarcasme, la morgue ou le dédain. Ils ont gardé la lucidité et le perfectionnisme, l'attention aux détails ainsi que le traitement en profondeur des informations, mais ils se sont départis de leurs émotions, de leurs sentiments et de leur empathie. D'autres, au contraire, cultivent leurs souffrances pour mieux se plaindre et n'hésitent pas à ressasser de vieilles blessures ou à faire de la surenchère émotionnelle. Alors comment s'y retrouver ?

En bref, l'hypersensibilité peut avoir plusieurs destins

- L'insensibilité, qui peut aller jusqu'à une forme de cynisme, de sarcasme ou d'arrogance, voire de perversion.
- L'intellectualisation, la froideur, la logique, privilégiant la technique, la mécanique, le calcul, au détriment du vivant.
- L'égocentrisme, en utilisant une sensibilité réelle ou feinte pour s'exhiber, se mettre en valeur ou dominer les autres.
- L'hypersusceptibilité, lorsque l'on n'accepte aucune critique, aucun questionnement, aucune remarque.
- La plainte, lorsque l'on confond ses souffrances avec sa sensibilité ou que l'on préfère râler plutôt qu'évoluer.
- L'hyperémotivité, si l'on reste prisonnier du brouhaha émotionnel ou que l'on accorde trop d'importance aux émotions.
- L'ultrasensibilité, lorsque l'empathie, la générosité, l'engagement et l'intuition accompagnent la finesse des perceptions et la richesse de l'expression, dans une vraie connexion à son âme, donc à soi-même.

Quelle manière de vivre votre sensibilité vous correspond le plus ?

Comme nous sommes des êtres complexes constamment en évolution, nous pouvons aussi nous reconnaître dans plusieurs de ces façons d'être au monde, selon les périodes ou selon les circonstances. Tâchons de ne pas nous juger trop durement. Chacun cherche sa propre voie d'expression jusqu'à trouver sa musique intérieure qui sonne juste et authentique.

PRÉFÉRER L'EMPATHIE

Le meilleur destin pour l'hypersensibilité, la voie la plus favorable correspond à ce que l'on pourrait appeler la « réponse empathique ». Cette voie de la sagesse et de l'humanité est d'ailleurs le vœu des personnes ultrasensibles que nous avons rencontrées. Pour elles, comme pour nous, il semble nécessaire et vital de :

- protéger, valoriser et embellir la planète ;
- développer son lien avec la nature et son amour pour la vie ;
- s'ouvrir à une forme personnelle de spiritualité, de communication avec l'invisible, d'écoute de l'inconscient ;
- favoriser tous les possibles de la convivialité et de la solidarité partout autour de nous ;
- promouvoir et respecter les droits des femmes, des enfants, des malades, des personnes souffrant de handicaps, des personnes très âgées ou en fin de vie, des réfugiés politiques, des cultures minoritaires… ;
- rechercher l'authenticité, favoriser l'expression de la sincérité, préserver l'intime ;
- valoriser la créativité, l'expression des sentiments, l'intuition, etc.

Oui, les ultrasensibles sont des humains humanistes. On les dit « idéalistes » ou « utopistes »… Peut-être. Pourquoi pas ? Ils sont surtout porteurs du désir et de l'énergie du changement, d'une évolution vers plus d'harmonie, de paix et de conscience. Non comme un rêve qui serait une illusion, mais comme un rêve d'avenir, de devenir ; ce qui fait d'eux, bien souvent, des êtres « supersensibles[21] ».

Alors, avant de découvrir comment « empuissancer » sa vie, tournons-nous un moment vers les différentes origines de l'ultrasensibilité.

---

21. À ce sujet, voir le magnifique film de Cécile Faulhaber, *L'Autre Connexion*, 2018.

CHAPITRE 6

D'OÙ VIENT L'ULTRASENSIBILITÉ ?

Dans ce chapitre, vous irez probablement de surprise en surprise…

Nous allons commencer par nous intéresser à nos peurs. En effet, la peur étant l'émotion fondamentale, parce que la plus archaïque, elle permet d'expliquer beaucoup de nos comportements.

EXERCICE

Découvrez quelles sont vos peurs !

Prenez le temps de vous poser et essayez de repérer vos peurs, des petites craintes aux grosses frayeurs, puis écrivez-les sur une feuille.
Si aucune idée ne vous vient spontanément, commencez par évaluer ces premières pistes parmi tant d'autres.

→

Quelques peurs possibles :

- J'ai peur de réussir ou de ne pas réussir.
- J'ai peur de ne pas être à ma place.
- J'ai peur de souffrir et de faire souffrir.
- J'ai peur de faire du mal aux autres.
- J'ai peur de ne pas être légitime.
- J'ai peur de mes émotions.
- J'ai peur de mes intuitions.
- J'ai peur d'exprimer ce que je ressens ou ce que je pense.
- J'ai peur de la maladie.
- J'ai peur d'être vivant(e) (faire du bruit, m'amuser, rire, pleurer, respirer, danser, chanter).
- J'ai peur d'aller bien, d'être heureux(se).
- J'ai peur de changer.
- J'ai peur du vide.
- J'ai peur de mourir.

Sur une deuxième feuille, écrivez vos peurs, de la plus forte à la moins prégnante ou la moins impressionnante.
Laissez reposer ce papier pendant quelques jours, puis reprenez-le et lisez-le. Qu'est-ce que vos peurs vous inspirent ? Que révèlent-elles ?

En réalité, aucune peur n'est à la source de votre grande sensibilité. Ses origines sont ailleurs… Bien entendu, vos peurs ainsi que toute votre mémoire émotionnelle constituent cette « caisse de résonance » dont nous parlerons bientôt.

Par ailleurs, vos peurs peuvent aussi vous empêcher de bien vous connecter à vous-même, à la nature et aux autres, donc à la longue vous fragiliser et vous fatiguer, ce qui augmentera encore plus votre sensibilité à fleur de peau.

Enfin, pour beaucoup de personnes, le vide est synonyme de mort, de rien, de néant, ou même d'abandon, de grande solitude. Or c'est pourtant par l'expérience du vide que nous pouvons apprivoiser notre liberté, sans quoi nous n'osons pas devenir vraiment libres.

Notre liberté intérieure est indispensable pour que nous puissions découvrir, vivre et affirmer la quête fondamentale qui anime notre existence.

Cette grande question existentielle a un lien direct avec l'ultrasensibilité.

EXERCICE

Posez-vous la question essentielle !

Quelle est votre « grande question », existentielle ou essentielle ?

Parmi les grandes questions des personnes qui ont témoigné, y en a-t-il une ou plusieurs qui vous correspondent ?

> Suis-je né(e) à la bonne époque ?
> Qu'est-ce que je fais sur terre ?
> Ai-je le droit d'exister ?
> À quoi bon ? Pourquoi vivre, pourquoi enfanter dans un monde si dur ?
> Puis-je désobéir ou exprimer mon désaccord ?
> Comment me reposer vraiment ?
> Comment mieux dormir ?
> Comment rester un enfant (et ne pas devenir adulte) ?
> Puis-je affirmer mon désir d'explorer des mondes invisibles ?
> Pourquoi devoir faire comme les autres ? Pourquoi taire ma sensibilité ?
> Comment être vraiment qui je suis et réaliser ce qui me tient à cœur ?

Vous ne vous retrouvez pas du tout ou pas tout à fait dans ces questionnements ? Dans ce cas, écrivez dans votre cahier quelle est votre interrogation fondamentale à vous.
En découvrant ce qui vous inspire profondément ou ce qui vous motive durablement, vous pourrez aussi mieux comprendre d'où provient votre grande sensibilité.

À LA SOURCE DE L'ULTRASENSIBILITÉ…

Contrairement à ce que l'on a pu croire au début des recherches, la sensibilité élevée n'est pas d'origine génétique. Il n'existe pas de « gène de l'hypersensibilité ». D'où vient-elle alors ?

La vraie question concerne l'âme, la vie de l'âme ; or l'âme aspire avant tout à se déployer.

Damien confie avec un grand dégoût mêlé de tristesse : « J'ai très souvent ce sentiment d'être un esprit enfermé dans un corps, dans une vie que je n'ai pas choisie, prisonnier de ces codes que je veux intégrer et qui me rebutent à la fois. Je suis envahi par cette sensation de révolte et d'injustice quand je me dis que je suis là, dans cette vie, que je voudrais en faire quelque chose au risque d'être rongé par la culpabilité. Je voudrais tant apprivoiser tout ça, la vie, le corps, moi-même… L'intimité est l'espace de la vérité. C'est là que je suis le plus sensible, donc le plus vrai, mais c'est aussi ce qui est le plus rejeté dans une société qui voudrait nous standardiser, nous faire entrer de force dans un moule trop petit pour nous ! »

La négation des sensations

La première source d'hypersensibilité est aussi simple que répandue. Elle concerne tout ce qui, d'une façon durable ou répétée, *nous empêche d'exister et d'être nous-mêmes.*

Par exemple, si vous empêchez un enfant de se reposer lorsqu'il en a besoin, si vous lui interdisez d'une façon ou d'une autre de penser par lui-même, de s'exprimer librement et de créer, il devient hypersensible, et, parfois même, développe une forme d'hyperactivité ou des troubles de l'attention.

Pour nous, adultes, c'est exactement pareil, même si les interdits sont souvent bien plus difficiles à repérer. On pourrait dire qu'ils se cachent derrière l'interdiction majeure d'exister que constitue la *négation des sensations*.

Ainsi, nous sommes influencés et conditionnés depuis la tendre enfance par des personnes qui nous disent : « Ce n'est rien, ce n'est pas grave, ça va passer, tu en fais toute une histoire (un drame, un plat), tu exagères », ou encore : « Mais qu'est-ce que tu vas imaginer là ? Il s'en passe des choses dans ta tête », et autres gentillesses de ce genre.

Alors forcément, une fois, deux fois, trois fois… Au bout d'un certain temps, vous n'arrivez plus à faire confiance à vos sensations, vous doutez de vous ; à tel point que vous avez besoin de croire les autres, plutôt que vous-même, pour vous « faire une idée » sur telle ou telle situation.

Pour autant, votre être profond continue à ressentir la vérité, à travers votre corps qui – heureusement – ne sait pas mentir parce qu'il ne le peut pas. Ainsi, ce que vous appelez votre « hypersensibilité » n'est autre que la vérité de vos sensations qui vient se rappeler à vous. Quelle chance, non ? Cela veut dire que vous continuez à ressentir vraiment, à percevoir, à être en contact avec le réel, donc que vous n'avez pas complètement renié votre âme.

> *« La pire blessure, confiait récemment une patiente ultrasensible à son praticien, est la vie sans âme, ou la négation de l'âme. L'existence est alors sans intérêt, faite seulement de routine, de contingences, de matérialisme.*

On ne pense qu'à manger, boire, et rien de plus. Il n'y a pas de partage, pas de motivation réelle, pas de vraie relation. »

Les grands sensibles sont en quête de sens, ils sont à la recherche d'un absolu, ils sont sensibles à la justice, ils accordent une grande importance à la vie de l'âme, etc. Comme les *light workers*[22], ou artisans de lumière, on pourrait dire que les ultrasensibles sont les survivants du genre humain, perdus dans un univers technique, froid, déshumanisé ; comme le montre si bien le film *Matrix*, par exemple. Ainsi leurs émotions ne sont pas de trop, leur sensibilité n'est pas exagérée, elles sont tout bonnement le signe de leur humanité !

Christophe André confirme cette idée en expliquant que l'appellation « hypersensible » est donnée aux personnes qui sont restées sensibles dans une société devenue « hyposensible »...

Le décalage avec les autres

Un décalage très net concerne déjà les hommes que l'on a obligés à ne pas exprimer leurs sentiments, et plus précisément à ne pas pleurer.

En séance, Jérémie raconte un rêve : « Je suis une femme et je pleure dans les bras d'une autre femme. Je sanglote,

22. www.lightworkers.com

même. Je crois qu'elle pleure, elle aussi. Lorsque je me réveille, j'ai la sensation d'avoir contacté un très ancien chagrin, une peine immense. Pourquoi une femme ? Est-ce ma part féminine ? Je crois plutôt que j'ai tellement entendu mon père, quand j'étais petit, me répéter que les garçons ne devaient pas pleurer que j'ai fini par ne plus pleurer. Je n'ai plus jamais pleuré depuis. Il a fallu que je sois une femme, dans ce rêve, pour accepter de pleurer, pour pouvoir enfin pleurer. »

Par ailleurs, beaucoup de personnes très sensibles expriment le décalage qu'elles observent avec les autres, dans des situations très diverses. Pendant longtemps nous avons cru qu'il s'agissait d'une conséquence de la haute sensibilité, or il s'agit en fait d'une de ses origines.

Paul explique sa découverte : « Je ne ressens pas les choses de la même façon que les autres. Du coup, cela me singularise, je me sens à part, différent, un peu seul. Cela me met mal à l'aise, comme si je n'étais pas à ma place. Je crains de ne pas être bien accueilli, pas bien compris, et cela me fragilise… »

Au fond, ce n'est pas l'intensité à elle seule qui génère une sensibilité plus élevée, mais *la combinaison d'une sensibilité à la fois forte et différente*. En plus, pour beaucoup, cette façon différente de ressentir les choses augmente leur vulnérabilité face aux autres, ou en tout cas leur impression d'être fragilisés parce qu'ils se retrouvent seuls ou minoritaires, comme s'ils devaient sans cesse se justifier pour faire comprendre ce qu'ils ressentent.

La sensibilité élevée correspond à des ressentis intenses, variés et, parfois étranges, en décalage avec ce que ressentent majoritairement les autres.

La volonté de ressentir

Si l'on peut choisir (plus ou moins consciemment) de ressentir moins, on peut aussi *choisir de ressentir plus*. Parmi bien d'autres histoires, le film *Call me by your name* de Luca Guadagnino (2017) nous apporte la clé.

Pendant les vacances d'été en Italie du Nord, Elio, dix-sept ans, vit sa première grande histoire d'amour. Lorsqu'elle se termine, à la fin des vacances, Elio est envahi par le chagrin. Son père lui explique alors, avec beaucoup de sagesse, qu'il vaut mieux ressentir la douleur et le chagrin pour continuer à pouvoir aussi ressentir la joie, le bonheur, le plaisir, garder la mémoire entière de sa première relation amoureuse et rester capable d'aimer. Il lui confie, entre autres : « Nous nous mutilons tellement nous-mêmes pour nous débarrasser plus rapidement de nos douleurs que nous devenons secs à trente ans et ne savons plus aimer. Quel gâchis de refuser d'éprouver des sentiments sous prétexte de ne pas souffrir ! »

Ainsi, de la même façon que nous pouvons émousser ou endormir notre sensibilité, nous pouvons aussi l'augmenter ou l'exalter. Pourquoi intensifier nos ressentis ? Quelle est alors notre motivation ?

Il y en a trois, au moins…

1. Ne pas se renier ou renier son âme, comme nous l'avons vu plus haut : être ultrasensible est une façon d'*honorer son âme*.

2. Se souvenir, ne surtout pas oublier les bons moments ou les épreuves, comme un devoir de mémoire envers soi-même et un désir de mémoire pour soi-même : être ultrasensible est une façon d'*honorer son histoire*.

3. Se sentir plus vivant, élever son existence à un niveau qui convient à nos aspirations, se hisser dans une dimension digne d'être vécue, loin de la trivialité ou de la morosité ambiantes : être ultrasensible est une façon d'*honorer la vie*.

Nous savons d'expérience à quel point il est vital de ressentir profondément et de ne pas occulter nos ressentis, de ne pas nous en débarrasser, car ce que nous ressentons en profondeur nous appartient vraiment et fait partie de nous, éternellement.

LES AUTRES SOURCES DE SENSIBILITÉ ÉLEVÉE

Acidose et neurasthénie

Les personnes hautement sensibles se plaignent souvent d'une fatigue récurrente et d'une grande fatigabilité. Dans le passé, le nom donné à ce syndrome de fatigue chronique était la « neurasthénie ». Celle-ci correspond à un trouble psychosomatique principalement caractérisé par un état de fatigabilité physique et psychique continuel, sans motif apparent, que le repos ne parvient pas à atténuer.

Les origines de la neurasthénie sont l'acidose (ou acidification progressive de l'organisme), l'abus d'excitants, les maladies infectieuses, les agents toxiques, la baisse de l'immunité, les perturbations hormonales, les troubles du métabolisme, les déséquilibres nutritionnels, le manque récurrent de sommeil, le stress chronique, les traumatismes physiques crâniens, et les traumatismes psychiques[23]. Or il se trouve que ces mêmes facteurs peuvent aussi être à l'origine de l'hypersensibilité.

Nos expériences de vie

Notre sensibilité ainsi que notre façon de la vivre sont nettement influencées par nos toutes premières expériences sensibles, notamment durant la vie intra-utérine, lors de la naissance et dans les mois qui suivent. Ces premiers moments de vie sont gravés à jamais dans notre mémoire profonde, notre mémoire cellulaire, notre mémoire corporelle, que l'on appelle aussi « mémoire archaïque ». Ces premières expériences constituent nos références existentielles. Ainsi, une personne dont la sensibilité est élevée vivra

23. D'après le *Guide homéopathique*, consulté le 19 mai 2018 : www.guidehomeopathique.com/pathologies/neurasthenie/#more-1392

mieux ses émotions si ses premières expériences de vie ont été agréables, réconfortantes, pleines de douceur et d'harmonie. En revanche, une personne peut se sentir très souvent à cran ou à vif, si elle a connu des moments douloureux ou éprouvants lors de ses premiers mois de vie, surtout si elle a été isolée ou n'a pas reçu suffisamment de soutien durant ces épreuves.

Au-delà des premiers mois de l'existence, tous les grands chocs ou les expériences extrêmes peuvent rendre ultrasensible une personne qui ne l'était pas forcément au départ, et cela à tout âge. Les exilés qui ont traversé le désert puis la mer dans des conditions hasardeuses, qui ont connu la faim, la soif, l'angoisse et parfois l'emprisonnement, tout comme les victimes de guerres, de génocides, de tortures et d'attentats terroristes, développent lors de ces expériences une forme d'ultrasensibilité qui n'est pas forcément visible de prime abord, mais se révèle à chaque nouvel épisode de stress aigu.

Nous avons remarqué que les expériences de mort imminente (EMI) sont une source fréquente d'ultrasensibilité. La plupart des personnes qui ont connu un épisode de coma ou qui ont approché la mort de très près sont effectivement ultrasensibles.

La proximité de la mort ainsi que la majorité des expériences de vie qui sortent de l'ordinaire et nécessitent que l'on mobilise énormément d'énergie vitale pour les surmonter, voire pour y survivre, sont des sources non négligeables d'hypersensibilité, voire d'ultrasensibilité si la capacité d'empathie n'a pas été endommagée par une terreur trop envahissante, par une douleur trop dévastatrice ou par la destruction de l'humain sous les coups répétés de la haine.

Enfin, même si elles sont moins impressionnantes, certaines blessures existentielles donnent naissance à une sensibilité élevée, d'autant plus difficile à vivre qu'hypersensibilité et blessures sont alors intimement liées.

Au cours de sa thérapie, Line a compris comment *son ultrasensibilité prend sa source dans un faisceau complexe de blessures, de déceptions et de non-accueil de sa singularité*. Voici notamment les blessures qu'elle a pu mettre en évidence :

> *« Blessure de rejet : j'ai été une enfant non désirée. J'ai adopté une attitude de petite fille attentionnée, gentille vis-à-vis de ma mère, mais fuyante avec les autres. Mal assurée, je cherche encore ma place aujourd'hui.*
> *Blessure d'abandon : à quinze ans, ma sœur Hélène perd un nouveau-né de trois mois, de la mort subite du nourrisson, puis elle fait des fausses couches. À partir de ce moment-là, ma mère n'a d'yeux que pour elle, va souvent chez elle à Arras, me laisse régulièrement quelques jours seule dans l'appartement, et je me sens complètement abandonnée. Aujourd'hui encore, Hélène prend toute la place, critique sans cesse les autres et fait en sorte d'accaparer ma mère.*

Seconde blessure d'abandon : j'ai vingt-huit ans, je me fais violer par un inconnu, et personne dans ma famille n'accepte vraiment d'écouter ma détresse.
Seconde blessure de rejet : mon beau-frère, le mari d'Hélène, ne me dit pas bonjour, ne me regarde pas et ne m'adresse jamais la parole. En plus de la tristesse, je ressens une grande colère contre lui et contre ma sœur.
En plus de tout cela, mon mari est un dominant et ne m'écoute pas. Avec mes enfants, je n'arrive pas non plus à me faire entendre. Je réalise maintenant que c'est moi qui ai un problème de positionnement et que c'est à moi de prendre position de façon plus claire, sinon je n'existe pas, je disparais. J'essaie de prendre ma place, de me positionner autrement, plus comme la petite fille, faible et soumise, mais comme la femme adulte, telle que je suis.
Tout en évoluant, j'éprouve encore une grande gêne lorsque je sature. Je ressens trop d'émotions et trop d'inquiétudes à la fois. Je perds mes moyens. Je cherche mes mots, je me sens mal, et c'est très difficile à vivre. Je ne mets pas assez de frontières entre l'autre et moi. Je suis comme une éponge. Je me reconnais dans la description que vous faites des "artisans de lumière". »

Le témoignage de Line est fondamental pour bien comprendre l'ultrasensibilité, car il montre que c'est *un ensemble de facteurs enchevêtrés* qui est à l'origine d'une sensibilité élevée.

La pression de l'environnement

Lorsqu'un environnement impose une pression très forte à un individu quel qu'il soit, en famille, à l'école, au travail, celle-ci fragilise progressivement cet individu et le rend, de fait, hypersensible.

Prenons simplement l'exemple le plus courant du mode d'éducation et de son influence sur la sensibilité de l'enfant.

Une mère vient consulter, car son enfant est « hyperactif » à l'école. Lors de la première séance, le psychanalyste observe que la mère parle beaucoup, très rapidement, en attribuant à son fils toutes sortes de problèmes réels ou supposés, devant lui mais sans s'adresser à lui et sans tenir compte de sa présence, comme s'il n'était pas vraiment là. Pendant ce long monologue, l'enfant est effectivement très agité, et comme absent. Lors des entretiens suivants, l'enfant est seul avec le thérapeute, il est calme, posé, attentif, intéressé, répond facilement aux questions, réfléchit bien et ne présente aucun trouble particulier. À tel point qu'au bout de quelques mois, avec l'accord de l'enfant, le praticien annonce l'arrêt des séances avec le garçon et propose à la mère de venir consulter. Elle ne viendra qu'une seule fois, révélant une enfance difficile avec des parents jamais contents d'elle, très négatifs sur la vie et sur le monde, proposant une vision morbide de l'existence et alimentant de nombreuses angoisses chez leur fille, qui souffre d'une légère obésité. Elle se sentait très isolée, allait très peu à l'école, par peur ou pour cause de petites maladies répétitives. Lorsqu'elle y allait, elle ne se mélangeait pas aux autres enfants, ne sortait pas dans la cour de récréation, restait dans la classe ou sous le préau. Elle dit avoir eu tout le temps peur du regard des autres, mais que le pire était la pression de ses parents, extrêmement stricts, et leurs exigences sans fin.

Dans cet exemple, qui correspond à des situations assez fréquentes, l'enfant est très sensible, mais c'est surtout la mère qui est hypersensible et qui le vit très mal, comme une anomalie à éradiquer ou une maladie à traiter, reportant sur son enfant à la fois ses peurs d'hier et d'aujourd'hui, ainsi que les exigences folles de ses propres parents.

La charge sensible

On parle beaucoup de charge mentale, mais dans le cas de personnes à la sensibilité élevée, il est plus important et intéressant de considérer en premier lieu leur « charge sensible ».

La charge sensible correspond à l'ensemble des informations sensibles qui mobilisent une personne à un moment donné, que ces informations sensibles (sensations, émotions, sentiments, intuitions) soient conscientes ou non. Lorsque cette charge dépasse sa capacité de métabolisation, ou de traitement des informations, la personne sature. Nous avons vu précédemment que la surstimulation et la saturation caractérisent les personnes hypersensibles. Plus encore, une surcharge sensible entraîne une hypervigilance puis un excès de mentalisation pour tenter de faire face à l'excès d'informations ou de stimuli. Le processus qui caractérise l'ultrasensibilité, ou un moment de sensibilité plus élevée que d'habitude, peut être schématisé comme ceci :

Charge sensible trop élevée → Augmentation de la sensibilité → Plus grande attention aux détails → Surstimulation → Perte d'énergie *et* augmentation de la charge mentale → Épuisement *et* saturation → Débordement, irritabilité, découragement → Besoin de solitude et de repos.

En dehors de l'augmentation quantitative de la charge sensible au-delà du seuil supportable pour telle personne à tel moment, deux phénomènes qualitatifs peuvent aussi accroître la charge sensible d'une personne : l'amplification et la contagion émotionnelle.

- **Le phénomène d'amplification** naît dans une sorte de « caisse de résonance » interne qui accentue, intensifie et prolonge chaque ressenti, et notamment les émotions. Cette caisse de résonance est constituée de nos expériences sensibles, surtout des expériences pénibles ou douloureuses. Ainsi, une émotion du présent peut venir à la fois réveiller des émotions du passé et être nourrie par elles, ce qui l'amplifie et la rend plus difficile à accueillir et à comprendre.
- **La contagion émotionnelle** est un phénomène extérieur à la personne, qui est gagnée plus ou moins rapidement

par une ou plusieurs émotions qu'elle perçoit dans son entourage. Ainsi, la tristesse d'un parent peut l'envahir rapidement, autant que la tristesse d'une personne rencontrée dans la rue ou que la joie spontanée d'un enfant. Ce processus de contamination sensible concerne plus particulièrement les personnes très empathiques.

En dehors de ces phénomènes, précisons que certaines personnes cherchent plus ou moins délibérément et consciemment à nourrir l'émotion qu'elles sont en train de ressentir, ce qui empêche cette émotion de passer par elle-même.

Si l'on dramatise la situation, si on se dit que c'est grave, ou que l'on s'en veut de ressentir ce que l'on ressent, si on se laisse culpabiliser ou que l'on se croit coupable, on entretient et on augmente artificiellement l'émotion : on en fait « un drame ».

Beaucoup de personnes qui se plaignent de leur hypersensibilité et disent qu'elle les fait souffrir ont en fait cette tendance récurrente à augmenter leur charge sensible, donc à se rendre la tâche encore plus ardue, en dramatisant ce qu'elles sont en train de vivre.

Aurélien repère cette tendance, puis découvre une de ses origines : « Je cherche inconsciemment à recréer un lien émotionnel que j'ai perdu. Comme je peine à me connaître et que je m'identifie à mes émotions, j'ai l'impression de ne vraiment exister que lorsque je vis des montagnes russes émotionnelles. Je provoque

donc ces états pour me retrouver ou, en tout cas, pour retrouver une partie de moi que je connais. Cela me rassure.
Le problème est que les émotions étant impermanentes, lorsque je suis très joyeux et que cela se termine, je vais devoir ressentir d'autres émotions encore plus fortes pour avoir l'impression d'exister, c'est ce qui fait que je vais me plonger ensuite dans la mélancolie, etc.
J'ai des émotions qui me traversent, mais je dois réaliser que je ne suis pas mes émotions. Je crois être mes émotions, ne pouvoir exister que par elles, d'où le besoin d'introspection, le besoin pressant de vouloir analyser, comprendre mes sentiments et de mieux me connaître.
C'est comme un cercle vicieux : je provoque mon malaise, mon mal-être même, pour pouvoir me rassurer en cogitant sur ce qui m'arrive, et je n'en sors plus.
Cela explique aussi que je prenne les émotions des autres, à nouveau pour exister. Je crois alors exister ou savoir qui je suis, et je cherche les situations conflictuelles, riches en émotions explosives. Je vis un moment intense qui me ramène au vivant, que ce soit dans la douleur ou dans la joie… »

Cette façon de procéder est très répétitive, un peu comme la consommation d'une drogue : elle ne débouche sur aucune amélioration profonde et durable. En plus, elle est dévoreuse d'énergie et risque de rendre vampirique, car on se nourrit de l'énergie des autres à partir de leurs émotions, et se révèle épuisante.

Conscience élevée et énergie vitale

« La conscience est tout le temps là », confie un patient ultrasensible, signifiant qu'il est en permanence conscient de ce qu'il est en train de vivre. Il est possible que cela soit une source complémentaire de sensibilité élevée, ou d'exacerbation de la sensibilité, comme une sorte de conflit dévitalisant entre ce que l'on ressent et ce que l'on voudrait dire. On ne peut pas le verbaliser, soit parce que l'entourage ne veut pas l'entendre ou le tourne en dérision, soit parce que l'on ne trouve pas de mots pour dire la complexité de ce que l'on ressent.

Il serait alors peut-être préférable de parler de « haut potentiel sensible » pour caractériser l'ultrasensibilité, et de n'utiliser le mot « hypersensible » que pour désigner une sensitivité élevée, ou hyperesthésie. Le haut potentiel sensible concerne autant les émotions que les sentiments, les intuitions et l'empathie, donc ce que l'on appelle l'« intelligence du cœur ». Pour autant, bénéficier d'un haut potentiel sensible ne signifie pas forcément disposer d'un haut niveau d'énergie vitale. Beaucoup de personnes ultrasensibles remarquent qu'elles manquent souvent d'énergie vitale, ce qui peut de nouveau faire penser à une certaine forme de neurasthénie ou de psychasthénie[24].

Adelaïde a découvert qu'elle est plus mélancolique, donc plus sensible, dans les moments où son énergie vitale est en baisse : « Lorsque je sens mon énergie aller de l'intérieur vers l'extérieur, je vais bien, je me sens bien, j'ai

24. Fatigue psychique.

plus de courage et je peux travailler ou affronter le monde plus facilement. En revanche, chaque fois que je manque d'énergie, mon énergie ne rayonne plus vers l'extérieur, et je ne vais pas bien. Je deviens beaucoup plus réceptive, très réactive et je me sens rapidement agressée. »

Cette découverte est très importante. Elle recentre la problématique fondamentale de l'ultrasensibilité autour de la question de l'énergie et de la vitalité. Cela montre à quel point une personne ultrasensible a besoin de prendre soin d'elle, de s'écouter vraiment et d'être attentive à entretenir son énergie vitale, comme nous allons le découvrir dans les chapitres suivants.

Marianne affirme qu'elle se retrouve très précisément dans le passage d'un livre sur l'hypersensibilité qu'elle vient de lire : « Lorsque nous sommes envahis par des émotions qui s'installent ou par des idées qui se figent, surtout si ce sont celles des autres, nous quittons la vision par l'âme : le monde devient borné, clos, fixe ; tout semble tourner en rond, comme un animal en cage. En revanche, quand reviennent les mouvements de l'âme, les sentiments authentiques, la pensée libre et la vision globale, nous avons la sensation joyeuse que l'horizon s'ouvre de nouveau sur l'infini du ciel[25]*. » Elle explique ce dont elle fait l'expérience : « Ce passage du livre décrit bien une situation récurrente pour moi. En présence d'émotions*

25. Saverio Tomasella, *Hypersensibles : Trop sensibles pour être heureux ?*, Eyrolles, 2012.

désagréables (tristesse, colère, déception), j'ai comme un sentiment de l'irrémédiable, comme si c'était la fin du monde. Je vois que la vie est injuste. Je m'enferme dans ces idées pessimistes. Une fois cette émotion douloureuse dépassée grâce à un événement heureux ou à une prise de conscience du caractère destructeur de ma façon de me considérer, c'est comme si un rayon de soleil avait transpercé l'obscurité de la pièce. Je vis ce changement comme une nouvelle naissance en ayant ce sentiment fort que la vie mérite d'être vécue. Je retrouve la joie de vivre. »

Ainsi, une des façons les plus notables de retrouver sa vitalité est de quitter le pessimisme, de laisser derrière soi les regrets et d'entretenir sa joie de vivre. Cela passe d'abord par une vraie liberté de pensée et d'expression.

Nous sommes responsables de ce que nous faisons de notre sensibilité, et il nous revient de la libérer pour pouvoir la vivre pleinement, et dans la joie !

Comme *la libération de nos émotions et de nos sentiments* nous semble la clé la plus importante pour bien vivre notre sensibilité, aussi élevée soit-elle, voici en cadeau le texte d'une très belle chanson de Yor Pfeiffer, qui nous ouvre la voie :

« Tu laisseras couler tes larmes
Pour qu'elles viennent arroser tes lèvres
Et que la vie retrouve ses charmes
Ses désirs, ses envies, ses fièvres

Tu laisseras couler tes larmes
Pour qu'elles t'aident à faire refleurir...
Un petit bout de ton sourire

Tu laisseras couler tes pleurs
Pour qu'ils emportent loin de toi
Tes peurs, tes peines et tes douleurs
Pour laisser la place à la joie
Tu laisseras couler tes pleurs
Pour pouvoir le reconquérir
Cet autre bout de ton sourire

Tu laisseras couler tes ombres
Qu'elles servent d'engrais à ta terre
Et que plus jamais rien n'encombre
Le scintillement de ta lumière
Tu laisseras couler tes ombres
Pour aimer voir resurgir
Le dernier bout de ton sourire

Tu laisseras couler tes larmes
Pour qu'elles viennent arroser tes lèvres
Et que la vie retrouve ses charmes
Ses désirs, ses envies, ses fièvres
Tu laisseras couler tes larmes
Pour qu'elles t'aident à faire refleurir...
Ton sourire[26] *!* »

---

26. *Tu laisseras couler tes larmes*, chanson de Yor Pfeiffer, reproduite avec son aimable autorisation.

Pour continuer à avancer dans ce grand voyage au pays de l'ultrasensibilité, nous allons maintenant vous présenter quelques expériences vécues. Les pistes concrètes que vous y trouverez pourront vous aider à mieux vivre votre sensibilité élevée, votre haut potentiel sensible, en en faisant un atout et une force, c'est-à-dire en devenant *supersensible*…

C'est merveilleux ! Je n'ai plus besoin de lutter contre moi-même !
CLOD*

CHAPITRE 7

L'ULTRASENSIBILITÉ : DU FARDEAU AU CADEAU

Votre image de l'ultrasensibilité a-t-elle évolué depuis que vous avez commencé la lecture de ce livre ?

Il est possible qu'au départ vous ignoriez jusqu'à l'existence de votre ultrasensibilité ou que vous imaginiez que c'était une sorte de maladie ou même un trouble psychologique. Vous pensiez peut-être aussi que c'était juste un nouveau terme à la mode ou une attitude adoptée par des personnes voulant attirer l'attention sur elles.

À présent, vous avez peut-être identifié ou confirmé que vous-même ou l'un de vos proches êtes concernés par cette très grande sensibilité. L'idée de savoir enfin qu'il n'y a rien qui cloche chez vous a pu vous procurer une sensation de soulagement, et il se peut que vous voyiez enfin toutes les potentialités dont regorgent les personnes ultrasensibles, malgré les difficultés que vous rencontrez.

UNE GRANDE SENSIBILITÉ N'EST PAS DE TOUT REPOS !

La société occidentale a tendance à condamner les manières atypiques d'être au monde, telle la grande sensibilité, qu'elle dévalorise en la considérant comme de la « sensiblerie » ou de la « faiblesse ».

De nombreuses personnes hautement sensibles ont reçu une éducation visant à gommer leurs différences et leurs caractéristiques perçues comme « négatives ». Nombre d'entre elles ont été « invitées » à entrer dans le moule et à marcher droit… Or un hypersensible « moulé » n'est pas beau à voir ! En particulier lorsque celui-ci croit que quelque chose ne tourne pas rond chez lui et qu'il déploie une énergie folle à essayer de se changer. En vain…

En plus de ce contexte peu favorable aux âmes sensibles, les difficultés au quotidien peuvent être compliquées à vivre lorsqu'il y a une méconnaissance de sa manière d'être au monde et des possibilités de prendre soin de soi. Ces aspects, mêlés parfois à la honte d'être « comme ça », peuvent donner à l'hypersensibilité un arrière-goût de fardeau indécollable.

Alors, ne sommes-nous pas provocateurs en affirmant que la haute sensibilité peut devenir formidable ? Est-ce un subterfuge pour mieux faire passer la pilule ?

Pour vous répondre, parlons d'abord de l'importance de notre perception de la réalité. De manière générale, nous avons l'impression que notre manière de concevoir les choses correspond à la réalité. Nous découvrons, nous explorons et nous observons le monde par le biais de nos sens. Nous vivons des expériences, nous trions les informations à partir de notre façon de les vivre, nous apprenons, nous rangeons tout cela dans le cadre de notre éducation, de nos croyances aussi. Une sorte de filtre personnel se construit petit à petit, année après année, depuis notre plus jeune âge.

Au cours de notre vie, nos expériences valident nos croyances, et nous avons tendance à évoluer dans un environnement où ces croyances sont plus ou moins partagées, nous donnant la sensation que ce que nous « percevons » est juste et correspond à la réalité. Sauf que nous interprétons sans arrêt ce que nous percevons, et cela nous donne une vision particulière de la réalité, souvent déformée.

La réalité n'est pas si universelle que nous le croyons. Ainsi, dans une même situation, certains verront un « verre à moitié plein » tandis que d'autres le verront « à moitié vide ». Pourtant, il s'agit du même verre. Qui a raison ? Qui a tort ?

Personne n'a raison et personne n'a tort : ce n'est qu'une question d'interprétation, avec les lunettes que nous chaussons.

L'importance de ces lunettes est absolument primordiale, car elles teintent notre existence tout entière. Et comme une paire de lunettes, elles peuvent être changées si on s'y prend correctement. Qui aimerait garder devant les yeux une paire inadaptée, n'aidant pas à bien voir, tout encrassée et opaque ?

Revenons maintenant à votre ultrasensibilité. Si jusqu'à présent vous avez vécu votre manière d'être au monde comme un boulet, il se peut que votre paire de lunettes vous fasse voir les traits relatifs à cette grande sensibilité comme une série de « défauts ».

EXERCICE

Identifiez les qualités et défauts qu'induit votre hypersensibilité !

Pour identifier si tel est le cas, nous vous invitons à lister dans le tableau ci-dessous (ou dans votre beau cahier), dans la colonne de gauche, les qualités que vous vous reconnaissez et plus particulièrement celles qui découlent de votre grande sensibilité ; et dans la colonne de droite, les défauts que vous vous trouvez, en particulier ceux que vous reliez à votre hypersensibilité.
Notez toutes vos qualités, y compris celles qui vous paraissent les plus petites et insignifiantes, et vos défauts. Allez-y gaiement et sans retenue !

Mes « qualités » ou mes talents	Mes « défauts » ou mes difficultés

Mes « qualités » ou mes talents	**Mes « défauts » ou mes difficultés**

Qu'avez-vous observé en réalisant cet exercice ? Voyez-vous un contraste entre la première et la seconde colonne ?
Avez-vous l'impression que ce tableau transcrit « la réalité » ?
Si la colonne de gauche est plus remplie que celle de droite, vous vivez probablement votre sensibilité comme un atout, et cela est merveilleux !
Si c'est la colonne de droite qui est la plus fournie, point d'inquiétude, puisque, comme nous l'avons évoqué plus haut, c'est la paire de lunettes que vous chaussez, et que le monde a amplement collaboré à façonner, qui vous donne cette impression de « dysfonctionnement ».

CONSIDÉRER LA RÉALITÉ AUTREMENT

Pour vous accompagner dans la découverte d'une nouvelle manière, plus belle et bienfaisante, de vous voir, nous vous proposons d'aborder une série de qualités et de talents reliés à la grande sensibilité, en prenant les choses un peu à l'envers. C'est-à-dire qu'au lieu de vous parler de toutes les qualités des êtres hypersensibles – avec lesquelles vous n'allez peut-être pas vous identifier parce qu'on ne vous les a pas présentées chez vous comme telles –, nous allons vous parler de ces « choses » que vous n'aimez pas du tout et qui vous encombrent. Vous découvrirez petit à petit que chacune de ces attitudes et manières d'être et de faire recèle des merveilles que vous avez probablement déjà en vous.

Cela vous dit-il de tester de nouvelles lunettes le temps d'un petit tour d'horizon de la situation ? Après, à vous de voir si elles vous siéent à merveille ou si vous voulez encore les changer jusqu'à… ce que vous n'en ayez plus besoin !

« Je contrôle tout »

Marine, notre hypermaman du chapitre 1, a prévu d'organiser une sortie en famille le dimanche dans un parc pour enfants situé à 1 h 30 du domicile familial. Pour que tout se passe au mieux, parce qu'elle connaît bien « ses loulous », elle met en place une logistique impressionnante, avec des listes à n'en plus finir, des jouets pour amuser les plus grands, des vêtements de rechange,

une trousse médicale pour les éventuels bobos, toute l'artillerie pour changer et nourrir le bébé.
Au moment du départ, son compagnon râle parce qu'il a l'impression qu'ils sont chargés comme des mules et qu'il n'est jamais possible de faire simple avec elle. Marine trouve qu'elle n'est pas assez légère et zen. Elle aimerait partir en toute sérénité, juste avec ses enfants et que tout se passe bien, mais elle n'y arrive pas et s'en veut de tout contrôler.

Les vertus cachées du besoin de contrôler

Pour arriver à tout contrôler, il est nécessaire de déployer toute une série de talents sous-jacents. En voici quelques-uns :

- Une vue d'aigle permettant de capter, de recueillir et de traiter aussi bien dans le détail que dans l'ensemble des informations concernant une personne, une situation, un événement. Cette vue d'aigle est un précieux atout pour la prise de décisions éclairées, prenant en considération l'ensemble des facteurs en jeu.
- Une immense capacité logistique permettant d'organiser avec efficacité les tâches et les missions à accomplir, aussi bien sur le plan personnel que professionnel.
- La capacité de persuader les autres, nécessaire lorsqu'on veut accomplir des projets qui nécessitent la coopération et l'adhésion d'autres individus. L'énergie et l'enthousiasme que vous déployez pour transmettre ce qui vous tient à cœur peuvent être tellement inspirants et donner aux autres le désir de vous suivre dans votre élan que vous pouvez devenir

→

un guide éclairé et désintéressé, ce dont notre monde a tant besoin.

- La capacité à anticiper, qui vous permet de prévoir les différentes issues possibles et d'explorer de multiples solutions pour pallier les éventuelles difficultés à venir et créer les contextes les plus propices à la réalisation des objectifs fixés. Que ce soit dans la vie de tous les jours, pour la réalisation d'un rêve ou sur le plan professionnel, cette prévoyance et cette capacité d'anticipation sont de précieux atouts.

Et vous ? Trouvez-vous d'autres talents et trésors cachés sous la propension à tout contrôler ? Est-ce que vous arrivez à les identifier chez vous et à vous les approprier comme des trésors ?

Pour faciliter ce processus, nous vous invitons à penser à une situation dans laquelle vous avez déployé une ou plusieurs de ces capacités avec une issue favorable. Ainsi, vous commencerez à voir à quel point ces qualités ne sont pas anodines et peuvent être d'une grande utilité.

De quelle manière pourriez-vous vous approprier encore plus ces talents pour les mettre à votre service et au service des vôtres ?

« Je suis une éponge émotionnelle »

Amélie, notre discrète entrepreneuse en herbe, se rend à un cocktail pour rencontrer d'autres créateurs d'entreprises sociales et tisser son réseau. Elle s'est mise sur son trente-et-un et a même bu un petit coup avant de partir de chez elle pour se donner du courage. En arrivant sur place, malgré toute sa bonne volonté, elle se sent soudain submergée par une sensation d'oppression. L'ambiance lui semble lourde et chargée. Ne se laissant pas démonter par cette sensation et déterminée à faire des rencontres intéressantes, elle s'approche d'un petit groupe de personnes, qui se dissout à son arrivée. Déçue par cette tentative, Amélie s'approche ensuite d'une femme pratiquement cachée derrière une colonne. Elles échangent, sympathisent et, finalement, Amélie passe toute la soirée en sa compagnie, essayant de l'aider à trouver des solutions à son cas. Le « petit ennui » est que la femme en question est profondément triste et accablée de soucis. En fin de soirée, Amélie la quitte avec l'impression d'avoir avalé sa tristesse sans avoir réussi à rencontrer des personnes susceptibles de l'aider dans son projet, comme c'était son objectif. Elle a la sensation d'être une vraie éponge émotionnelle !

Les vertus cachées de l'hyperempathie

Nombreuses sont les capacités et les richesses liées à la grande empathie. En voici une liste non exhaustive que nous vous invitons à compléter à partir de vos propres expériences :

- La capacité à ressentir ce qui se joue « en arrière-plan » en captant des milliards de données, bien souvent invisibles mais pourtant bien présentes, qui ont une influence sur les gens et sur les événements.
  Dans le cas d'Amélie, elle a perçu immédiatement en arrivant à son cocktail qu'il y avait beaucoup de tensions et de lourdeur dans la salle, probablement du fait des enjeux de réussite des uns et des autres et de la peur de ne pas y arriver. Avoir accès à ces informations et être capable d'identifier leur origine – au lieu de se les attribuer comme uniquement siennes – aide à réagir dans un tel contexte et à s'adapter si besoin pour prendre soin de soi ou pour atteindre ses objectifs.
- Une grande empathie, qui permet de devenir de grands médiateurs. En comprenant personnellement les ressentis de chacun, les hyperempathiques peuvent explorer des voies nouvelles pour résoudre les conflits, car ils prennent en considération les intérêts de chacun, ce qui s'avère précieux en cas de différend.
- Une grande facilité à favoriser les ambiances harmonieuses et cordiales. Très sensibles aux atmosphères, les hypersensibles empathiques ont un don pour faciliter le bon déroulement des relations. Ils peuvent donc être d'excellents coachs, animateurs, facilitateurs, médiateurs, et d'excellents collègues et leaders humains.
- Une grande capacité d'écoute, tellement importante et précieuse dans ce monde à tendance individualiste où

chacun peut se sentir seul et démuni dans son coin. Cette écoute nourrit les relations des personnes qui en sont douées, leur donnant une place privilégiée de confidents et de soutiens, notamment lorsqu'elles joignent cette écoute à une absence de jugement, enrichie par la capacité à se mettre à la place de l'autre et à le comprendre. De nombreux métiers nécessitent cette grande écoute pour être exercés au mieux et avec humanité.

Perché à souhait

Élisabeth et son mari accueillent ce week-end deux couples dans leur magnifique gîte de montagne. Les clients leur ont demandé le service de table d'hôtes, et Élisabeth, toujours courtoise et désireuse de faire des rencontres, vient s'asseoir auprès d'eux, une fois le repas terminé, pour échanger et faire plus ample connaissance. Interrogée sur ses multiples activités affichées sur un tract à l'entrée du gîte, elle partage avec eux ses talents liés à sa capacité à capter des informations dans le monde subtil et à percevoir l'origine des maux des personnes qui viennent se faire masser par elle. Élisabeth raconte avec enthousiasme quelques expériences marquantes, mais, très vite, elle se rend compte, par les regards entendus et amusés de ses convives, qu'ils la trouvent complètement perchée et farfelue. « Une fois n'est pas coutume », se dit-elle, avant de se refermer comme une huître et de quitter ses hôtes en prétextant un lever précoce le lendemain matin.

Les qualités insoupçonnées des êtres « perchés »

Le fait d'être « perché » est le fruit de nombreuses qualités et compétences qui sont précieuses et utiles dans ce monde. En voici certaines, que nous vous invitons à compléter en laissant libre cours à votre intuition.

- **Être visionnaire**
  Les personnes ultrasensibles peuvent être douées d'une grande capacité d'anticipation, donc proposer des idées et des solutions innovantes, avec une pensée en dehors des sentiers battus, aussi bien dans le cadre personnel que professionnel. Grâce à leur manière de percevoir le monde et à leur esprit sensible, elles peuvent être de grands visionnaires, des créateurs hors pair, des inventeurs géniaux et des chercheurs audacieux (au féminin comme au masculin).
- **Participer à l'amélioration du monde**
  Inspirés par leur conscience de la terre, des enjeux de l'humanité et mus par de fortes valeurs, ils peuvent être à l'origine d'une manière plus belle, écologique et respectueuse de traiter la terre, et les uns les autres. Parce qu'ils savent que les choses peuvent être différentes et qu'ils aspirent à ça, ils peuvent aussi bien agir à un niveau très local, dans leur quotidien, en prenant soin d'eux-mêmes, des leurs et de leur environnement, tout comme ils peuvent être à l'origine de mouvements écologiques, humanistes, politiques… qui rendent le monde meilleur.
- **Être capable de « sentir le vent tourner »**
  Le fait d'être « perché », donc intuitif, permet souvent d'anticiper la tournure des événements. De fait, les personnes hypersensibles peuvent ressentir ce qui peut arriver, grâce à leur intuition et aux nombreuses informations qu'elles captent.

- **Percevoir des informations subtiles**
  La très grande sensibilité peut donner accès à des mondes qui ne sont pas perceptibles par nos canaux sensoriels habituels. Certaines personnes ultrasensibles affirment communiquer avec les personnes décédées, d'autres perçoivent l'énergie qui émane des êtres vivants (mesurable avec des appareils scientifiques), d'autres encore peuvent projeter leur conscience dans différents espaces-temps ou capter la source de blocages émotionnels anciens par leur simple perception. À chacun de creuser cet aspect de l'ultrasensibilité qui, bien que soulevant depuis la nuit des temps des questions et un certain scepticisme, peut également nous surprendre lorsque nous sommes ouverts à la surprise.

Crise existentielle, quand tu nous tiens !

En séance avec son thérapeute, Olivier se souvient : « Quand j'avais sept ans, je me posais tout un tas de questions existentielles. À la maison, quand j'en parlais, je voyais bien que je n'étais pas compris. Ces questions me donnaient parfois l'impression que ma tête était en ébullition. Je me souviens que j'avais arrêté de manger pendant quelques jours parce que je ne voyais plus de sens à rester en vie. Mes parents m'ont bien fait comprendre que ça n'allait pas se passer comme ça…
Mon adolescence a été une sorte de sourd calvaire. Invisible aux yeux des miens, qui ne s'inquiétaient que pour mes notes et ma "réussite scolaire". J'étais tombé au trente-sixième dessous sans que personne s'en émeuve. J'ai ensuite

appris à faire taire mes sensations, mes ressentis, pour me blinder contre moi-même. Contre le monde aussi. Donc le burn-out d'aujourd'hui est pour moi l'expression de cette crise existentielle profonde que j'ai l'impression de traîner depuis que j'ai l'usage de la raison. »

Comment traduire en termes de qualités et de dons ces crises existentielles ?

- **La quête de sens**
  Le sens, c'est ce qui nous donne une raison pour avancer dans la vie, portés par un élan qui nous semble significatif, bon pour nous et bon pour le monde. Il est possible de vivre sans donner un sens à sa vie. Une bonne partie de l'humanité en fait l'expérience chaque jour. Mais ceux qui ont besoin de trouver du sens dans leur vie, et même le sens de la Vie de manière plus générale, ont une existence très riche et profonde. Cette quête pousse à découvrir qui l'on est, en dehors de toute comparaison, au plus profond de soi-même.
- **L'authenticité, le besoin d'alignement et de congruence**
  Même s'il s'agit d'une quête plutôt que d'un chemin tout tracé ou d'une destination quelconque, la quête de sens est reliée au besoin d'authenticité vis-à-vis de soi-même et des autres. Ainsi, lorsque l'on écoute l'appel de la quête de sens (qui se transforme parfois en crise existentielle quand on l'ignore ou qu'on la contredit de manière plus ou moins consciente), on accepte moins facilement ou moins longtemps de vivre des situations dépourvues de sens, où notre cœur ne vibre ou ne chante pas. Ainsi, rester dans un « boulot alimentaire »

dépourvu de sens peut être supportable pendant un temps, mais une partie de l'*âme sensible*[27] viendra tôt ou tard toquer à la porte pour inviter la personne – de manière plus ou moins bruyante – à repartir en quête de ce qui fait sens pour elle. De nombreuses personnes ultrasensibles se sont donc reconverties, une ou plusieurs fois dans leur vie, grâce à ce besoin de sens qui les amène à explorer des chemins plus proches de leurs aspirations. Bien sûr, ce n'est pas de tout repos, mais ô combien salvateur !

- **La capacité à donner ou à retrouver du sens**
Lorsque dans un système (une famille, une organisation, une entreprise, etc.) le manque de sens se fait sentir par de nombreuses disputes, un manque d'entrain, une sensation de vide, les personnes ultrasensibles, ayant déjà touché de près ou de loin les crises existentielles, le détectent rapidement. Elles peuvent alors être très habiles pour justement se reconnecter au sens initial ou pour en trouver un nouveau qui soit partagé par l'ensemble. Cela permet à chacun de retrouver la joie et la force nécessaire pour un nouvel élan. À titre d'illustration, on trouve souvent des personnes hypersensibles, voire ultrasensibles, parmi les grands coachs, thérapeutes et accompagnants.

- **La capacité à se relier avec l'essence de la Vie ou la partie transpersonnelle de l'être**
Les crises existentielles sont, comme leur nom l'indique, reliées à des questions existentielles. Qui suis-je ? D'où viens-je ? Où vais-je ? Quelle est mon essence ? Quelle est ma raison de vivre ? Quel est mon lien avec les autres, avec le tout ? En cherchant des réponses, la personne concernée s'ouvre progressivement à une dimension transpersonnelle

→

27. Pour nous, « âme sensible » et ultrasensibilité vont de pair.

plus vaste qui dépasse le soi, englobe et embrasse le tout. De grands penseurs, philosophes, théologiens et mystiques furent ou sont doués d'une sensibilité extrême. Ils ont traversé maintes crises existentielles, leur permettant de vivre des moments de grande « reliance » et d'unité avec le tout, comme nous le prouve de nos jours la physique quantique.

« C'est l'angoisse ! »

Youssef a voulu faire plaisir à sa voisine de palier. Elle, qui l'écoute avec tant d'attention et le rassure par sa présence fine et son intelligence hors pair, méritait au moins ça. Il a accepté un rendez-vous avec une jeune femme, mais il n'a pas du tout envie d'y aller. « Tu verras, ça sera une bonne idée de sortir un peu et de rencontrer quelqu'un de bien », lui avait-elle assené. Elle avait tout arrangé. Le lieu, l'heure et la femme qu'il devait retrouver cet après-midi-là – elle avait suggéré le soir, mais là ç'avait été niet !

« C'est la fille d'une amie, avait-elle dit. Passionnée de droit, elle aussi. » « Oui, bon, le droit, c'est bien vaste comme domaine ! » avait-il répliqué. Elle n'en avait pas démordu, alors le voilà en train de se démener devant le miroir, à chercher des habits, à se trémousser, à transpirer à grosses gouttes. Soudain, son téléphone sonne : ça l'agresse au plus haut point. Le temps

d'arriver à mettre la main dessus, il est trop tard. Il espère que c'est un appel du travail, une excuse imparable pour louper honorablement son rendez-vous. Non, rien de tout cela. Un appel familial banal qu'il ne prend pas la peine de relever.

Il ventile, hyperventile, s'assied sur son lit, puis par terre. Prend une bonne inhalation de Ventoline. S'allonge les bras en croix, toujours par terre. Respire les acariens, tousse. Se relève. Voit l'heure tourner. S'affole et part enfin, vêtu de son uniforme quotidien avec lequel il se sent en sécurité. En marchant vers son rancard, il se répète sans fin : « Jusqu'ici tout va bien, jusqu'ici tout va bien, jusqu'ici tout va bien… »

Les qualités et atouts qui se cachent derrière cette grande angoisse

- **La capacité à ressentir les stimuli les plus subtils, qui sont à l'origine de déséquilibres émotionnels ou physiques**
Une très haute sensibilité implique aussi un seuil de tolérance réduit par rapport à certaines agressions provenant de l'environnement. Ainsi, un environnement en apparence propice au bien-être peut en réalité cacher certains types d'énergies qui atteignent la santé des personnes vivant ou travaillant dans ces espaces. Par exemple, un lieu trop traversé de champs électromagnétiques avec plein de wi-fi, d'antennes

relais, etc., provoquera plus facilement des maux de tête ou un sentiment désagréable aux personnes hypersensibles qu'à celles qui ne le sont pas. En étant à l'écoute de ces signes et symptômes que les ultrasensibles manifestent rapidement, les autres personnes, moins sensibles à ces stimuli, ressentent ces mêmes influences, même si le délai de répercussion sur leur santé est plus long.

Il en va de même pour certains bruits de fond, apparemment anodins, qui fatiguent ou irritent les ultrasensibles de manière plus rapide et prégnante que les autres, pour lesquels le processus est plus lent et sournois. Il peut aussi s'agir d'une luminosité peu adaptée ou agressive, ou encore d'odeurs annonciatrices d'humidité, etc. Écouter les sensations des ultrasensibles apporte des informations qui peuvent s'avérer précieuses pour le groupe.

- **Renaître de ses cendres, encore et encore**
Lorsque les personnes ultrasensibles se sentent submergées intérieurement et qu'elles traversent des phases difficiles, voire des « nuits noires de l'âme », un beau jour, comme par magie, elles se relèvent et reprennent le cours de leur vie ou s'en réinventent une qui leur correspond mieux. Cet atout est extrêmement inspirant et porteur d'espoir, aussi bien pour leurs proches que pour le monde. Les périodes de creux, certes très difficiles, leur permettent de faire d'incroyables bonds intérieurs, ce faisant elles grandissent et mûrissent. Cette expérience peut ensuite bénéficier à leurs proches et aux personnes de l'entourage, qu'elles peuvent mieux comprendre, voire accompagner, si tel est leur métier.

- **Vivre plus en accord avec les rythmes naturels et les saisons**
Les ultrasensibles, lorsqu'ils écoutent leur corps, donc leurs ressentis, peuvent montrer aux autres une voie très importante, plutôt oubliée, qui est de suivre les rythmes des

cycles naturels et des saisons. Les femmes ultrasensibles, par exemple, peuvent vivre de manière très forte dans leur corps les différentes phases de leur cycle menstruel. Miranda Gray, auteure américaine du livre *Lune rouge*, a beaucoup travaillé sur le sujet et a décelé quatre phases principales du cycle de la femme. Chacune de ces phases étant reliée à une énergie particulière et à des périodes plus ou moins propices pour faire et vivre certaines activités plutôt que d'autres. Une femme hypersensible à l'écoute et dans le respect du rythme de ses cycles peut enrichir tout son environnement avec les trésors de chacune des phases qu'elle traverse.

Par ailleurs, particulièrement sensibles aux différentes saisons, les personnes hautement sensibles à l'écoute de leurs besoins montrent aux autres le chemin pour vivre plus en accord avec l'énergie de chacune de ces périodes de l'année, qui sont plus propices que d'autres à entreprendre, à se reposer, à faire le bilan, à récolter, à avancer, à s'arrêter, etc.

L'adaptation à l'extrême

Charles a rendez-vous cet après-midi avec son encadrante du centre de réinsertion. Depuis qu'il l'a rencontrée, quelques mois auparavant, il l'a cernée. Sans faire exprès, il a détecté comment elle était, ce qu'elle attendait de lui, non seulement de manière manifeste mais aussi de façon implicite. Depuis ce premier entretien, il a adapté son comportement en conséquence pour « l'avoir à la bonne ».

Aujourd'hui, ils vont faire un point. L'encadrante n'est pas dupe et a bien vu que Charles montrait une façade pour lui faire plaisir. Elle sait aussi qu'il continue à fumer, même s'il fait tout pour que ça ne se voie pas. Elle le confronte à la réalité avec bienveillance en le questionnant de manière honnête et franche. Elle lui parle de femme à homme, et non pas d'adulte sachant à petit gosse irréfléchi. Charles ne la voit d'abord pas venir. Puis, à la fois soulagé d'être démasqué dans ses stratagèmes pour plaire et désarçonné de se sentir à nu, il craque. Il pleure enfin toutes les larmes de son corps. Celles qu'il avait reléguées bien au loin, en se prétendant détaché du monde et des autres. En se détachant de lui. Le barrage cède et tout coule. Ouf ! Quelle respiration – pour tous les deux !

Les dons et qualités de celui qui s'adapte trop

- **Ressentir avec acuité ce qui se joue**
  La grande sensibilité favorise une « reliance » avec les autres et l'environnement. Elle permet de ressentir avec précision les enjeux et les attentes des autres, notamment ceux qui ne sont pas nommés. Cette capacité à ressentir ce qui se joue peut être très précieuse, aussi bien dans la vie de tous les jours, dans les relations interpersonnelles, que sur un plan professionnel. La capacité à communiquer de façon authentique et le fait d'identifier ce qui se joue à l'insu de tous permettent de faire avancer des situations stagnantes ou conflictuelles.

- **Être passe-partout**
Cette grande capacité à s'adapter est un véritable atout lorsqu'elle n'implique pas la perte de ses propres repères. En effet, dans certaines situations, il peut être amusant, voire très utile, de savoir s'adapter aux autres et au contexte dans lequel nous sommes.
- **L'interculturalité**
Les personnes hautement sensibles ont souvent la capacité de s'intégrer rapidement dans de nouvelles cultures. Avec une curiosité naturelle pour les autres, cette qualité en fait des personnes ouvertes, désireuses de rencontrer chacun dans sa différence. Les barrières de langue ou de culture ne font plus obstacle à la rencontre. Les beaux apprentissages et les bonnes découvertes sont facilités.

Ruminator

Alicia fait la queue à la caisse au supermarché. Elle est allée faire les emplettes en heure de pointe – même si elle déteste ça ! –, parce qu'elle est ressortie tard d'une réunion d'équipe et que c'était son tour d'y aller. D'habitude, elle préfère le marché du samedi, bien plus convivial, mais comme elle part en week-end, elle ne pourra pas y aller. Bref, elle attend à la caisse derrière cinq Caddies remplis à ras bord. Devant elle, une maman pianote sur son téléphone. Son fils d'environ quatre ans a l'air agacé – comment ne pas l'être dans ce supermarché bondé et bruyant ? Il tourne autour d'elle, essaie d'attirer son attention. Ça n'a pas l'air de marcher. Maman a encore les yeux rivés sur son portable. Le petit prend un paquet de bonbons et le déchire. Mille et une sucreries tombent alors par terre. L'enfant, ahuri, regarde sa mère. Comme il s'y attendait, une baffe monumentale s'abat sur sa joue. Elle lui hurle dessus, range son portable à la hâte et sourit, gênée, à la caissière, en lui disant que son fils n'est pas dégourdi. Le sang d'Alicia ne fait qu'un tour. Elle devient rouge pivoine et apostrophe la dame. Celle-ci l'ignore ostensiblement et passe ses articles à la caissière comme si de rien n'était. Alicia se sent impuissante et folle de rage.

En rentrant chez elle, Alicia rumine, elle s'en veut de ne pas avoir mieux réagi, de ne pas avoir dit ceci, de ne pas avoir fait cela. La scène tourne en boucle dans sa tête. Elle la rejoue à l'infini. Elle est en colère contre la dame, contre le monde entier et, pis encore, contre elle-même. Et la grande rumination dure toute la nuit, l'empêchant de fermer l'œil. Elle se poursuit pendant des jours et des jours… des nuits et des nuits. Attention, danger ! Ruminator est de sortie !

Des vertus cachées derrière la rumination ? Eh oui, c'est possible...

- **Des valeurs bien ancrées**
  Lorsqu'une personne ultrasensible passe en « mode rumination », cela tient souvent au fait qu'elle a des valeurs élevées qui lui tiennent à cœur. La justice, la tolérance, la fraternité, le partage, et bien d'autres valeurs encore qui font partie de l'idéal recherché par les personnes hautement sensibles. La rumination indique souvent que la personne traversée par ce « remue-méninges » incessant a de belles valeurs qui sont en conflit avec ce qu'elle ou d'autres vivent ou ont vécu. Chacune de ces valeurs hisse la personne qui les porte dans un désir de les atteindre, ce qui rend le monde meilleur et permet à chacun de s'améliorer au fil des expériences vécues.
- **De nouvelles solutions**
  En étudiant les situations et les personnes avec leur capacité d'observation très performante, certains ultrasensibles peuvent accéder à de nouveaux scénarios et à des réponses nouvelles pour de futurs événements similaires. Par exemple, Alicia n'aura peut-être pas besoin de donner une claque à son fils la prochaine fois qu'il fera quelque chose qui la contrarie.
- **La capacité à se remettre en question**
  Ruminer n'est jamais drôle, c'est sûr ! Surtout avec des regrets ou des anticipations catastrophistes. Néanmoins, la rumination s'accompagne souvent d'une remise en question de soi. Cela permet de s'observer faire ou agir, puis d'apprendre à partir de ses erreurs. Une personne qui se remet en question est plus facilement à même d'adopter de nouveaux comportements qui résonnent mieux pour elle, d'apprendre de ses erreurs, etc. C'est très précieux pour avancer et pour mieux se connaître.

EXERCICE

Maintenant, nous vous invitons à reprendre votre liste de « talents » et de « difficultés ». Prenez le temps de la relire. Observez si vous voyez de nouvelles qualités en vous. Regardez si parmi les « difficultés » que vous aviez listées, il y a des qualités cachées, que nous avons pu mentionner ou pas tout au long de ce chapitre.

Pour vous amuser, imaginez que vous êtes un superhéros ou une superhéroïne. Reprenez les différentes qualités que vous avez identifiées en vous et racontez votre histoire en tant que personnage héroïque, en prenant bien soin d'amplifier, voire d'exagérer, vos talents et vos qualités, pour qu'ils deviennent de supertalents. Une fois que vous avez écrit votre profil héroïque, vous pouvez inventer une histoire où vous utilisez chacun de vos super-pouvoirs.
Dans ce récit, vous êtes un supersensible qui sauve la terre et les humains de l'autodestruction. Racontez ce qui se passe, comment vous vous y prenez, les difficultés que vous dépassez grâce à votre « supersensibilité ». Puis laissez-vous imprégner par les sensations que cela vous procure en l'écrivant (sans censure !) et en le relisant (toujours sans censure).

Maintenant que vous avez exploré vos différents talents supersensibles et que vous avez établi votre palette personnelle de qualités, nous allons découvrir des pistes pour vivre votre grande sensibilité de manière plus libre et plus heureuse.

CHAPITRE 8

DEVENIR UN SUPERSENSIBLE LIBRE ET HEUREUX

« LIBRE ET HEUREUX ? »

Dans un groupe de parole, lorsque Alicia, éducatrice spécialisée, autoproclamée « écorchée vive », entend ce thème, elle bondit de sa chaise et réagit vivement, le rouge aux joues : « Ouais… C'est ça, ouais ! C'est bien beau de parler bonheur et sucre praliné alors que j'ai l'impression d'avoir attaché à ma cheville un énorme boulet qui m'alourdit et m'encombre à chaque instant et dont je ne peux me défaire. Essaye un peu d'être heureuse et sautillante comme une sauterelle avec ce joli fardeau, et après on discute ! » Puis elle poursuit en prenant un peu sur elle : « Peut-être que le bonheur s'est fait la malle… Ou qu'il se cache chez les autres qui ont l'air tellement moins "prise de tête" que moi, mais ce qui est sûr, c'est que ce fameux bonheur me nargue depuis que je suis petite. Hors de ma portée. Comme un châtiment ou je ne sais quoi. Pfff… J'en ai marre d'être comme ça ! » insiste-t-elle avant de se laisser choir sur son siège, dépitée et mal à l'aise de s'être emportée – une fois de plus – devant les autres.

Amélie, secouée par cette démonstration de colère – une émotion qu'elle n'a jamais pu s'autoriser, qui est donc bannie de son registre émotionnel – laisse échapper quelques sanglots qu'elle tente d'étouffer, car elle est gênée d'être vue. Les expressions de colère lui font tellement peur. Elles la figent et la terrifient. Elle serait prête à tout pour ne pas y être confrontée. Pour elle, « le dommage collatéral » principal de sa manière d'être au monde se manifeste par un vide existentiel qui lui ôte son énergie et qui teinte sa vie d'un voile de tristesse. La tristesse et la nostalgie, ça la connaît. Alors ce qui vient « en premier », ce sont les larmes. Encore et toujours les larmes, lorsqu'elle est dépassée par les événements, comme ce jour-là.

Un moment de flottement. Personne ne parle. Youssef, expert en droit canonique et méfiant envers l'espèce humaine, est tout simplement tétanisé par la peur. Il se sent en danger, aux prises avec tous ces gens et leurs émotions, en plus des siennes ! Il est figé et se retranche à l'intérieur de lui, bien loin, inatteignable. Tellement bien qu'il n'écoute plus ce qui se dit. C'est comme s'il était dans un bocal à poissons et que les sons lui arrivaient vagues et diffus. Il respire mal… Oh non ! Pas une crise de spasmophilie… ! Charles, lui, a senti le vent tourner dès les premiers mouvements d'Alicia pour se relever de sa chaise. Une petite voix lui a dit : « Ça, c'est pas pour toi », et il s'est aussitôt barricadé dans son monde à lui, pour ne pas ressentir. Il est parti, Charles, il a « mis sa tête dans les nuages », comme on le lui répète à longueur de journée, et il y siégera le temps qu'il faudra. Il en a tellement l'habitude. Dans cet endroit, il a l'impression de ne rien ressentir. Tout lui coule dessus. Il s'anesthésie de la réalité en visitant son monde imaginaire, faute de « chichon » et d'un bon jeu vidéo. Il a appris à attendre ces moments de décompression, lorsqu'il était à l'école et qu'il passait d'innombrables heures sur ses bancs hostiles. Alors il est entraîné à patienter. Pourvu que ça ne s'éternise pas !

Les autres observent, tous sens aiguisés, perçoivent et ressentent tout ce qui se passe à chaque seconde. Chacune et chacun a son propre filtre, son décodeur individuel de la situation, selon sa personnalité, son histoire, ses choix et ce qui est « plus fort que lui ».

Clairement, les stimuli émotionnels sont très présents. Dans la salle, tout le monde est hyperstimulé. Chacun, à sa façon, perd ses moyens, ou prend sur lui, ou fait face comme il peut face à cet afflux d'informations bouleversant. Ce « trop-plein » de tout : d'émotions, de tensions corporelles, de regards, de mouvements, de respirations qui se figent, qui se font superficielles ou qui s'emballent.

Cette scène montre la complexité de l'ultrasensibilité.

Ce qu'elle ne montre pas, c'est qu'au-delà de la complexité, il est tout à fait possible d'apprivoiser cette ultrasensibilité pour la vivre de manière plus sereine et heureuse, et pour que, à terme, elle devienne une alliée précieuse et un pan de votre personnalité que vous chérirez au plus haut point.

De nombreuses portes et chemins existent pour tendre vers cette « joie hypersensible ». En fonction de votre histoire, de votre profil et de vos goûts du moment, vous vous sentirez probablement plus attiré par une voie que par une autre, et même par plusieurs !

Dans ce chapitre, nous vous présenterons un certain nombre de ces voies pour explorer votre sensibilité, mais avant de les aborder, il nous semble important de vous présenter quelques repères qui vous permettront de créer un socle solide à partir duquel vous pourrez prendre soin de vous et de votre sensibilité.

LE CHANGEMENT DE VISION CHANGE LE PARADIGME

Tout au long du chapitre précédent, nous avons abordé l'importance de la vision que nous avons des choses. Cette perception a une influence capitale sur notre manière de vivre. Ainsi, si vous estimez que votre manière d'être au monde est un défaut, vous vous sentirez « coupable d'être ainsi » et vous lutterez contre vous-même ou contre les autres pour essayer de vous ou de les changer.

Comme vous le savez trop bien, cela provoque un combat épuisant perdu d'avance.

Si, au contraire, vous regardez votre manière d'être au monde comme un précieux atout, vous pourrez vivre de manière plus épanouie tous les aspects du « métier » d'hypersensible. À chaque découverte des particularités de votre grande sensibilité, vous pourrez, tel le superhéros qui découvre progressivement ses dons et ses talents, les activer dans la vie de tous les jours par petites touches, puis de manière plus assurée et affranchie de peurs.

Tout réside donc dans la paire de lunettes avec laquelle nous choisissons de nous regarder.

L'enjeu majeur est de *s'autoriser* à se regarder différemment ; à se voir de manière plus aimante et à se réjouir de ce qui est.

Pour vous accompagner dans ce changement de vision, donc de paradigme, nous vous invitons à suivre la visualisation guidée n° 1 que vous trouverez via la page web : http://blog.editionsleduc.com/ultrasensible.html ou en flashant la page avec l'application Marque-Page (voir p. 2).

EXERCICE

Trouvez les mots pour vous décrire !

Maintenant que vous avez appris à chausser des lunettes plus justes, nous vous invitons à écrire une brève description de vous-même, en mettant l'accent sur votre grande sensibilité comme un atout dans votre vie.
Cela n'a pas besoin d'être long. Laissez venir les mots, seulement inspirés par ce qui vous traverse dans l'instant. Permettez-vous d'être surpris(e) par le pouvoir de ces lunettes si positives !
Une fois que vous l'aurez terminée, prenez le temps de relire votre description et de vous imprégner des ressentis corporels que cette lecture vous procure. Appropriez-vous cette description. C'est bien de vous qu'elle parle !
Et, qui sait, la prochaine fois que vous vous présenterez à quelqu'un, vous pourrez piocher dedans pour parler de vous de manière plus précise, et plus positive…

Connaître son histoire pour réinventer son présent

De nombreuses personnes concernées par l'ultrasensibilité nous font part de leur souhait de vivre de manière plus libre et légère. Elles s'y emploient de toutes leurs forces, mais font souvent face à des éléments « plus forts qu'elles » qui les en empêchent. Cela peut générer beaucoup de frustration et leur valoir des jugements sévères, que ce soit de la part des autres ou, pis encore, d'elles-mêmes.

Lorsque toute la bonne volonté ne suffit pas, la clé se trouve souvent dans sa propre histoire. En effet, c'est au cours de la vie in utero, de l'enfance et de l'adolescence que se sont installés la plupart de nos conditionnements et de nos croyances qui dirigent notre vie à notre insu.

Que ce soit seul ou accompagné par une personne qualifiée, il est très intéressant de se pencher sur son passé en se posant la question suivante : dans quel rôle suis-je entré pour (sur)vivre ?

Dans toutes les familles, chacun des membres joue un rôle spécifique et occupe une place bien précise répondant aux besoins de fonctionnement de ce système.

Ainsi, certains ultrasensibles ont pu occuper la place de parents de substitution de leurs frères et sœurs si les parents étaient trop « pris » par ailleurs, voire complètement absents physiquement ou psychologiquement. D'autres ont joué le rôle de « parent » de leurs propres parents lorsque ceux-ci n'avaient pas la maturité pour se prendre en charge eux-mêmes ainsi que leur enfant. D'autres encore ont pu occuper la place de celui qui « symptomatise » tous les malheurs de la famille, que ce soit par des débordements émotionnels ou par des maladies. D'autres ont pris la place du rebelle qui s'oppose à l'injustice et qui est « contre » par principe. D'autres encore ont appris très tôt à se faire discrets, presque invisibles, pour ne pas déranger autrui. Puis d'autres ont pu jouer le rôle de sauveur d'un des deux parents, qui se considérait lésé par l'autre parent. D'autres enfin ont pris la place du bouc émissaire, ou celle de celui qui sait tout, qui réussit tout, qui doit être parfait. Et cetera.

Chacun de ces rôles a été adopté malgré soi et dans un seul but : être accepté par le groupe d'origine. Le contraire symbolisant la pire des catastrophes : le rejet, l'abandon, le bannissement !

Quel a donc été votre rôle ? Dans quelle mesure vous sentez-vous encore enfermé dans ce rôle que vous reproduisez dans votre vie de tous les jours, bien au-delà du cadre familial ?

Peut-être vous en voulez-vous d'en être encore là, mais il est important de reconnaître que ces rôles que vous avez joués toute votre vie ont eu une réelle utilité. Ils vous ont permis de vous adapter et de survivre. Ils méritent toute votre considération.

Maintenant que vous les identifiez plus clairement, il serait opportun de vous demander : ce rôle m'est-il encore utile aujourd'hui ?

Si la réponse est non, alors il est temps de songer à jouer un nouveau rôle, et mieux encore, à jouer votre propre rôle.

Pour vous accompagner dans l'exploration de ces nouveaux rôles possibles, qui vous siéraient à merveille, nous vous invitons à suivre la visualisation guidée n° 2, vous trouverez via la page web http://blog.editionsleduc.com/ultrasensible.html ou en flashant la page avec l'application Marque-Page (voir p. 2).

EXERCICE

Le rôle de votre vie

Comme vous l'avez peut-être expérimenté, c'est une bonne idée de s'amuser à tester plusieurs nouveaux rôles.
Si vous deviez jouer une pièce de théâtre avec le personnage de vos rêves, à quoi ressemblerait-il ?
Ensuite, identifiez quelles postures, quel type de vie découleraient d'un tel rôle.
Si nous nous amusons à voir la vie comme une immense pièce de théâtre où nous jouons en permanence, il peut être intéressant de choisir le ou les rôles que nous avons envie de jouer, puis de nous amuser à les interpréter de cette manière, soit dans une occasion précise pour nous exercer, soit carrément dans la vie de tous les jours.

Apprendre à faire la part des choses

Être doué d'ultrasensibilité implique de ressentir beaucoup de choses avec une grande intensité. Pour mieux vivre sa grande sensibilité, notamment lorsqu'elle est couplée à une forte empathie, il est très important de pouvoir faire la part des choses entre ce qui nous concerne et ce qui concerne les autres.

À partir du moment où vous vous sentez submergé par un ressenti corporel ou une émotion, posez-vous les questions suivantes et laissez votre intuition y répondre : ce que je ressens est-il en lien avec la personne avec laquelle je me trouve ? Lorsque je me sens soudain envahi de tristesse, puis-je constater que la personne avec qui je suis est elle-même triste ?

Si la réponse est oui, alors nous vous invitons à laisser cette tristesse voyager dans votre corps sans vous y attacher. Elle finira par partir rapidement, si vous ne vous y accrochez pas, lorsque vous réaliserez avec clarté qu'elle appartient à votre interlocuteur.

Si, malgré tout, vous vous sentez toujours traversé par cette forte émotion, il se peut qu'elle ait une résonance avec votre propre histoire, car si quelque chose vous touche, c'est que cela vient parler de vous. À ce moment-là, la meilleure option est encore et toujours d'accueillir ce qui émerge, que ce soit sous forme de sensations, d'émotions ou d'intuitions. En effet, en étant présent à ce qui est là, même – et surtout ! – si c'est inconfortable, vous permettez à cette énergie de circuler et de se débloquer. C'est donc une opportunité fantastique de vous alléger et de mieux vivre que d'accepter de vivre cette sensation ou cette émotion compliquée.

Pour vous accompagner dans l'accueil de ce qui émerge, nous vous avons préparé la méditation guidée n° 3, vous trouverez via la page web http://blog.editionsleduc.com/ultrasensible.html ou en flashant la page avec l'application Marque-Page (voir p. 2).

Plus vous pratiquerez cette voie d'écoute et d'acceptation de ce qui vous traverse, plus vous vous sentirez à l'aise avec le reste du monde, donc moins vous serez accablé personnellement par ce qui émerge, et vous garderez une saine distance empathique avec l'autre, ce qui est la meilleure place pour apporter un soutien à l'autre.

Surtout, rappelez-vous : votre corps connaît le chemin !

Vous pouvez vous demander si ce que vous ressentez est en lien avec l'environnement dans lequel vous vous trouvez.

Par exemple, si vous arrivez dans un lieu chargé en stimuli sensoriels (lumières très fortes, musique de fond gênante, odeurs nauséabondes) ou émotionnels (dispute entre des personnes, ambiance à couper au couteau), est-ce que vous pouvez faire quelque chose, soit en vous écartant de ce lieu, soit en réduisant le temps passé à cet endroit ? Vous pouvez prendre soin de vous poser par la suite dans un endroit calme, pour permettre à votre corps de récupérer et vous refaire une santé.

Vous pouvez aussi être créatif pour contourner ces lieux, dans la mesure du possible : en faisant vos courses au marché plutôt que dans un hypermarché, en vous les faisant livrer ; en travaillant à distance un ou plusieurs jours par semaine ; en aménageant votre lieu de travail, en nommant clairement vos besoins à vos responsables et collègues...

Le quotidien de chacun est différent

L'un des grands regrets souvent évoqués par les personnes hypersensibles est de ne pas arriver à vivre comme les autres. Ces autres qui semblent infatigables, souvent d'humeur égale, peu perturbables, solides comme le roc, prêts à faire la fête jusqu'à pas d'heure, « tout-terrain », etc. Contrairement à la vie d'un hypersensible qui peut être faite de moments de grande fatigue, de besoin de ressourcement et d'isolement, de contraintes en termes d'alimentation, d'horaires ou de temps de sommeil, de besoin de profondeur et d'une certaine qualité de relations, de montagnes russes émotionnelles, etc.

Encore une fois, il s'agit de choisir sa paire de lunettes pour bien se voir soi-même. Oui, la grande sensibilité amène celui qui en est bénéficiaire à prendre soin de lui. Alors, oui, la vie n'est pas la même que celle des autres personnes, qui ne sont pas aussi sensibles.

Oublier, cela implique soit de s'en vouloir terriblement, soit de prendre sur soi constamment et de se négliger, ce qui crée une douleur et une tension très importantes. En plus de la lutte intérieure, il y a la fatigue et le stress supplémentaires du fait de ne pas prendre soin de ses besoins.

Réussir à identifier ses propres besoins et à déceler son propre seuil de stimulation est un acte salvateur et primordial pour vivre une vie plus saine et écologique pour soi… Et pour les autres ! Attention, un hypersensible qui ne prend pas soin de lui peut vite montrer ses côtés les moins avenants à son entourage.

Pour preuve, réfléchissez à la dernière fois que vous avez ignoré vos besoins de calme, de sommeil, de bonne alimentation ou de bon entourage, puis observez comment vous vous êtes senti et comment vous avez interagi avec votre environnement.

Il est vraiment capital de vous observer et de savoir quelles sont les conditions optimales qui vous permettent de vous sentir au mieux de vos capacités, aussi bien physiques, qu'émotionnelles et intellectuelles. Dressez une liste des circonstances qui vous stimulent positivement et des moments qui vous enlèvent votre énergie.

Essayez de trouver un juste milieu pour rester dans la vie tout en prenant bien soin de vous.

N'hésitez pas à aller de temps à autre explorer en dehors de votre zone de confort. Un petit concert par-ci, un bain de foule par-là… Quoique stimulants, ils peuvent vous faire le plus grand bien et, à la fois, vous permet justement d'élargir cette zone où vous vous sentez à l'aise. Plus vous accepterez ces petits défis pour agrandir cette zone, plus vous vous sentirez à l'aise en toute situation (ou presque). *Mais cela prend du temps, demande de la patience et beaucoup d'amour de soi.*

Oser explorer son ombre

Depuis notre plus tendre enfance, nous avons terré au plus profond de nous, dans une sorte de cave intérieure, toutes les douleurs trop fortes et les hontes que nous avons estimées indignes d'exister, donc de voir la lumière du jour.

Petit à petit, cette cave sombre s'est remplie. Parfois, lorsqu'on s'y attend le moins, ses fantômes refont surface et prennent le contrôle de notre vie, sabotent nos vœux les plus chers, détruisent nos relations les plus proches.

Cette cave sombre à l'abandon peut sembler terrifiante, telle une boîte de Pandore, et nous pouvons redouter son ouverture. Nous aimerions pouvoir nous en débarrasser, et pour cela nous essayons d'être beaux, lumineux, « parfaits ». Nous luttons contre ce qui nous paraît laid, ignoble, indigne en nous, et surtout chez les autres où vient se projeter cette ombre que nous n'acceptons pas en nous.

Nous nous acharnons pour empiler des meubles et des tapis sur la trappe qui donne accès à la cave pour éviter qu'elle ne déborde, pour essayer de l'oublier. Mais, bien souvent, la cave et son contenu se rappellent à nous. Surtout lorsqu'on s'y attend le moins… Or, dans ce monde de complémentarité, la douceur ne peut apparaître que là où coexiste l'aspérité. La lumière ne peut s'apercevoir que parce que l'ombre existe. De la même manière, chacun d'entre nous possède un côté lumineux, plein de beauté, de dons et de qualités, et aussi, une part d'ombre faite d'intentions peu avouables, de désirs troubles, d'égoïsme, de peurs.

La perfection n'existe pas sur terre. Du moins pas telle qu'on l'imagine : lisse, sans accrocs, pure, lumineuse en toutes circonstances.

La perfection, qui signifie « l'accomplissement », c'est l'union de tout ce qui est, tel que cela est. L'union de l'ombre et de la lumière.

Les âmes très sensibles, entraînées depuis leur plus jeune âge à faire abstraction de leur manière d'être au monde pour se caler dans un moule (ou se rebeller), peuvent avoir dégringolé dans cette cave de nombreuses fois. La honte d'être hypersensible peut avoir poussé celui qui la vit à remplir sa cave intérieure plus que de raison et à craindre plus que tout cette part incontrôlable et effrayante de soi. Pourtant, aussi menaçante qu'elle puisse paraître, cette zone d'ombre recèle en elle le trésor le plus merveilleux qui soit, et le chemin pour le découvrir est plein de sens. Pour apprivoiser cette part d'ombre, il est important de l'embrasser, entièrement, telle qu'elle est.

Au cours des méditations nos 4 et 5, nous vous accompagnons dans la découverte de cette cave et nous vous invitons à dialoguer avec ces parties abandonnées et endurcies qui ont tant besoin d'être entendues pour être accueillies et ramenées à la lumière. Vous trouverez les méditations via la page web http://blog.editionsleduc.com/ultrasensible.html ou en flashant la page avec l'application Marque-Page (voir p. 2).

Voici maintenant des chemins possibles pour explorer votre sensibilité. Nous vous invitons à les découvrir en étant à l'écoute de vos ressentis pour voir lequel ou lesquels résonnent le mieux en vous.

TROUVER LE CHEMIN QUI EST BON POUR SOI

Si votre cœur s'emballe à la lecture d'une de ces voies, il se peut qu'il y ait quelque chose à explorer de ce côté-là.

Si votre intuition vous indique un chemin, alors ne doutez pas et écoutez-la. Vous aurez certainement de belles choses à découvrir en la suivant.

Pour vous aider à accéder à cette petite voix intérieure que l'on nomme l'intuition, et entendre ses messages qui peuvent vous guider sur votre chemin et vous apporter des réponses, nous vous invitons à suivre la méditation n° 6 qui vous montrera une voie pour rentrer en lien avec votre sagesse intérieure. Vous trouverez la méditation via la page web http://blog.editionsleduc.com/ultrasensible.html ou en flashant la page avec l'application Marque-Page (voir p. 2).

Les groupes de parole

Qu'ils soient proposés dans un cadre thérapeutique ou par un rassemblement de personnes hautement sensibles, les groupes de parole permettent de s'exprimer, de sortir de l'isolement, de connaître d'autres personnes qui vivent des problématiques similaires et qui ont des questionnements proches avec des solutions différentes pour y faire face.

Pour bien fonctionner et être le terreau d'un épanouissement pour chacun, les groupes de parole nécessitent un facilitateur ou un mode de fonctionnement bien établi qui favorise la mise en confiance des membres dans un cadre fiable et rassurant.

Les différentes thérapies à disposition

Même s'il ne s'agit pas d'un problème, encore moins d'une maladie, l'ultrasensibilité peut être mal vécue, source de douleur à certains moments de la vie. Les périodes de « nuit noire de l'âme », de tempête brouillardeuse et les grandes traversées du désert peuvent être plus douces à traverser en étant accompagné par quelqu'un de compétent. Un thérapeute bien informé sur l'ultrasensibilité sera un allié précieux pour vous aider à vous reconnecter à vos ressources et à prendre soin de vous, de votre histoire et de votre présent.

De nombreux types de thérapie s'offrent aux personnes désireuses d'être accompagnées sur leur chemin : de la psychanalyse aux thérapies brèves, la palette est très large.

Parfois, c'est une rencontre, un ami qui vous recommande quelqu'un, une vidéo qui fait « tilt » ou un article dans un magazine qui vous donnera la piste d'un type de thérapie à explorer.

- Certaines thérapies telles que la psychanalyse vont vous accompagner dans l'exploration de votre passé pour vous réconcilier avec lui et l'intégrer dans votre vie, tout en laissant émerger votre désir profond.
- D'autres, comme les thérapies psychocorporelles, TIPI (technique d'identification des peurs inconscientes) et EFT (*Emotional Freedom Technique* – littéralement : « technique de liberté émotionnelle »), vont se centrer sur les ressentis

corporels pour libérer les émotions contenues, bloquées ou refoulées.

- L'hypnose, la sophrologie et l'EMDR (*Eye Movement Desensitization and Reprocessing*, soit en français « Mouvement des yeux, désensibilisation et retraitement de l'information ») vont s'adresser directement à votre subconscient pour vous aider à y trouver des réponses et à vous libérer de traumatismes du passé.
- Les thérapies comportementales et cognitives peuvent être utiles si vous cherchez à vous libérer d'addictions, de phobies ou de TOC (troubles obsessionnels compulsifs).
- Les thérapies systémiques et les constellations familiales prennent en considération l'individu au sein du groupe et le fonctionnement de celui-ci. Elles vous permettront de découvrir les relations entre les différents membres d'un groupe et d'explorer, entre autres, la place que vous occupez et les rôles joués par chacun, aussi bien dans votre milieu d'origine que dans votre contexte actuel.
- La psychogénéalogie, la kinésiologie et l'étiopathie sont d'autres thérapies qui observent l'individu de manière holistique (prenant en considération l'être dans toutes ses dimensions inter-reliées) et abordent l'influence de l'héritage familial dans le vécu de la personne, pour l'aider à déjouer cette influence, à l'intégrer et à en prendre une saine distance.
- Les thérapies transpersonnelles, quantiques et les soins énergétiques abordent également l'individu dans toutes ses dimensions, y compris spirituelle et énergétique. Elles

peuvent aider à débloquer des nœuds, mais aussi à intégrer et à réconcilier toutes les parties qui le composent.

Comme vous l'aurez compris, il existe plusieurs chemins pour avancer dans la découverte de vous-même. À un certain moment, un type de thérapie vous correspondra, et à un autre, vous n'en aurez peut-être plus besoin, pour ensuite avoir envie d'explorer une nouvelle voie.

Ce qu'il est très important de savoir, c'est que vous avez la responsabilité de trouver non seulement la thérapie qui vous convient, mais également le thérapeute avec qui vous vous sentez bien, en confiance et à l'aise. Cela ne sert à rien de se forcer si le contact ne passe pas.

Bien sûr, lorsqu'on fait une thérapie, il y a toujours des moments difficiles où l'on est tenté de tout quitter, et on peut même en venir à détester son thérapeute. Cela est tout à fait naturel et sain. Nous ne parlons pas de ça, mais plutôt des sensations lors du ou des premiers rendez-vous qui vous renseignent sur le fait qu'il s'agit ou non de la bonne personne pour vous accompagner...

La méditation

Contrairement aux idées reçues, la méditation n'implique pas nécessairement de s'asseoir en tailleur pendant des heures pour faire le vide dans son esprit. Cette tâche de « faire le vide » peut d'ailleurs s'avérer une épreuve particulièrement difficile pour les ultrasensibles. En effet, le fait de se poser laisse un espace ouvert à tout ce qui a été refoulé dans la cave intérieure pour refaire surface, et cela peut faire très peur.

Ainsi, se poser pour focaliser son attention sur le présent, sur les ressentis, sur ce qui est peut être difficile, mais tellement précieux et important pour apprendre à vivre dans le présent. La méditation nous invite à cesser de nous échapper dans les regrets d'un passé révolu, et dans l'angoisse ou la rêverie d'un futur qui n'est pas encore là.

C'est un outil précieux pour se connaître soi-même. À vous d'explorer la forme qui vous convient le mieux : méditation zen, bouddhiste, de pleine conscience, avec une application téléchargée sur votre portable ou sur votre ordinateur. Toutes les formes sont bonnes si elles vous aident à vous poser et à être à l'écoute de ce qui se passe en vous.

Respirez et entrez dans l'instant ! Telle est l'invitation délicieuse et impressionnante de la méditation, qui est une voie royale pour mieux vivre sa grande sensibilité, et qui nécessite une bonne dose de patience et de persévérance.

Le développement personnel

Tout comme les thérapies, il existe de nombreux stages et ouvrages proposant du développement personnel, qui peuvent nourrir le besoin de sens et de spiritualité des personnes hautement sensibles. Les courants sont trop nombreux pour les citer, mais si le développement personnel vous interpelle, nous vous invitons à vous rendre dans le rayon portant ce titre dans votre librairie préférée et à vous laisser guider par votre intuition.

Pour ce qui est des stages, prenez juste le temps de vérifier qui sont les intervenants qui les proposent et leur approche. N'hésitez pas à les interroger et à chercher des témoignages directement de la part de personnes ayant assisté à ces stages. C'est votre responsabilité de bien vous renseigner avant de décider où aller. Ces stages peuvent être très intenses et exigent l'engagement personnel de chacun. D'où l'intérêt de choisir des personnes sérieuses et une voie qui vous correspond bien.

La palette est large, à vous de jouer, en conscience !

La relation avec les animaux

Les animaux ont toujours joué un rôle dans la vie de l'homme, et pour les ultrasensibles, comme Youssef, ils peuvent s'avérer un vrai refuge fait de bonheurs et de grande complicité.

Certaines personnes ultrasensibles ont un lien particulièrement fort avec les animaux. D'aucuns semblent même communiquer avec eux.

Bien des animaux, comme les chevaux, les chiens et les dauphins, ont une ultrasensibilité avérée. Il existe des approches thérapeutiques de médiation par ces différents animaux qui sont tout à fait surprenantes.

L'équithérapie, ou médiation par le cheval, permet de merveilleuses transformations, autant que des sauts quantiques dans la compréhension de son propre schéma relationnel et de ses parts blessées.

Pour les âmes ultrasensibles, ces approches par le biais des animaux apportent des résultats tout à fait surprenants. Des ouvertures de cœur immenses, des réconciliations avec soi et avec autrui sont souvent au rendez-vous.

Qu'ils vous passionnent, vous impressionnent ou vous fassent peur, les animaux sont des miroirs extraordinaires, qui peuvent grandement vous aider, à un moment de votre vie, à apprivoiser votre grande sensibilité et à mieux vivre avec.

Le corps, ce meilleur ami

Ah ! Le corps ! Ce merveilleux véhicule que nous a donné la vie est un fidèle allié qui nous informe à tout moment sur la voie à suivre pour nous épanouir.

Lorsqu'on ne l'écoute pas, ce corps qui nous parle au travers de ressentis et de sensations cherche à se faire entendre par des biais plus bruyants : douleurs, maladies, accidents. Ses moyens sont nombreux pour nous indiquer qu'il y a quelque chose à regarder. Un malaise qui n'a pas été dit.

Ce corps peut être très douloureux pour les ultrasensibles qui luttent contre leur grande sensibilité. Il peut avoir été mis de côté par ceux qui ne fonctionnent qu'avec la tête. Il peut être meurtri par des troubles de l'alimentation, des addictions diverses et variées, un oubli total ou un surinvestissement de son apparence. Il est parfois bien malmené, ce corps, mais fidèle à lui-même et à son rôle de nous porter tout au long de notre vie, il est là et il attend d'être entendu.

Lorsqu'on choisit de l'entendre de nouveau et d'en prendre soin, de nombreuses pistes peuvent être explorées et nous ramener à lui.

- Biodanza, danse libre ou celle des cinq rythmes. La danse est une belle voie de reconnexion avec le corps par le biais du mouvement qui permet, en outre, l'ancrage du corps, très utile aux personnes hautement sensibles qui sont parfois « perchées ».
- Les arts martiaux doux tels que le tai-chi-chuan, le qi gong ou l'aïkido apportent de précieuses ressources pour l'ancrage et le mouvement des énergies corporelles.
- Le yoga sous toutes ses formes est aussi une discipline précieuse et riche d'enseignements qui permet d'être en contact avec son corps et de se connaître soi-même. Prenez le temps de bien choisir le type de yoga qui vous convient le mieux, car de grandes différences existent entre les différents courants et la manière de les enseigner.
- Jouer d'un instrument de musique, y compris le chant en solo ou en groupe, peut être une magnifique voie de reconnexion au corps, permettant d'exprimer sa grande sensibilité de manière artistique.
- Le jardinage et les balades en nature reconnectent le corps à la terre et lui permettent de se ressourcer, de recharger les batteries quand il y a eu trop-plein ou tout simplement de se sentir en communion avec le vivant.

- Les activités manuelles, telles que la poterie (encore le lien avec la terre alliée avec le corps qui se met à l'ouvrage), la réalisation d'objets qu'ils soient en tissu ou autres matières, de bijoux, de décorations, etc., mettent le corps en mouvement et permettent d'exprimer la grande créativité qui caractérise souvent les âmes très sensibles.

L'art, la créativité

L'expression artistique est un moyen précieux de se nourrir et de s'épanouir. Les personnes hypersensibles ont tout intérêt à explorer et à exprimer leur créativité, car leur œil et leurs sens aiguisés ainsi que leur perception unique et amplifiée du monde leur donnent de précieux outils pour créer des merveilles.

Si vous avez l'impression de n'être doué pour rien ou, au contraire, que tout vous réussit mais que vous n'arrivez pas à persévérer pour exceller dans votre art, ne soyez pas inquiet et accordez-vous la possibilité de ne pas être parfait, explorez de nouvelles voies pour aborder l'art et la créativité. Testez quelque chose de nouveau. Un nouvel art, même s'il vous paraît trop compliqué. Cherchez d'abord à faire simple. Parfois une simple feuille et un crayon suffisent. Une balade pour s'inspirer et laisser venir ce qui émerge. Prenez rendez-vous avec votre créateur intérieur et laissez-lui libre cours. Faites-vous plaisir. Osez !

Laissez-vous surprendre en retrouvant vos yeux d'enfant qui découvrent le monde et se laissent aller à la joie de créer !

La recherche spirituelle

Comme nous l'avons mentionné tout au long de cet ouvrage, la quête spirituelle est une dimension très importante dans la vie des personnes ultrasensibles. Accorder de l'importance et la place qu'elle mérite à cette soif spirituelle est capital pour l'épanouissement de la personne en recherche de sens.

S'autoriser à chercher dans ses propres racines spirituelles et en extraire la substantifique moelle qui fait sens pour soi ; explorer de nouveaux chemins ; suivre une voie déjà tracée ou créer la sienne. Tous les chemins sont bons, du moment qu'ils résonnent avec soi et qu'ils sont respectueux de l'humain et du vivant.

S'accorder ce temps pour rechercher le divin en soi et en toute chose est une nécessité. Oser en prendre soin et le nourrir est déjà une voie spirituelle en soi !

EXERCICE

Ma recette

Après ce tour des différentes pistes pour prendre soin de vous et de votre magnifique sensibilité, nous vous proposons de concocter votre propre recette sur mesure pour vous occuper de vous.

Dans votre cahier, nous vous invitons à choisir les ingrédients que vous voulez mélanger dans votre vie pour avoir un quotidien délicieux et équilibré. Veillez à inclure des ingrédients qui vous font du bien, une pointe de ceux qui vous surprendront et vous feront sortir raisonnablement de votre zone de confort, d'autres qui vous réconforteront, d'autres qui vous mettront en joie, d'autres qui exalteront les papilles de votre intellect et de vos sensations. Tout est bienvenu !

Une fois que vous aurez listé les ingrédients, inscrivez sur leur gauche les quantités (pas en grammes mais en temps) que vous souhaitez dédier à chacun.

Puis, rédigez la recette.

Allez-vous faire des combinaisons folles ou magnifiques entre les ingrédients ? Comment allez-vous les répartir et les servir au quotidien ?

Amusez-vous à mettre un titre à votre recette sur mesure et, pourquoi pas, un dessin ou une photo, un ensemble de photos les illustrant. Miam ! Ça fait envie, n'est-ce pas ?

Maintenant que vous êtes bien familiarisé avec votre grande sensibilité, nous vous invitons à aborder la question de votre relation avec les autres. Comment leur en parler ? Faire ou ne pas faire son *coming out* ultrasensible… Telle est la question !

CHAPITRE 9

COMMENT RÉUSSIR SON COMING OUT ULTRASENSIBLE

Ça y est, plus de doute, maintenant vous le savez : vous êtes doué d'une immense sensibilité !

Maintenant, la question est : comment l'annoncer ?

Vaut-il mieux en parler ? Si oui, que dire, à qui le dire et comment le dire ?

Si vous gardez tout cela pour vous, alors qu'allez-vous en faire ?

Lorsque se confirme votre intuition à propos de votre grande sensibilité, trois grands scénarios s'offrent à vous.

LES TROIS SCÉNARIOS POSSIBLES

Scénario 1

Vous êtes rempli d'une joie immense ! Eh oui, vous arrivez enfin à poser des mots sur une réalité qui vous paraissait si difficile à cerner et qui était pourtant bien là, malgré vos doutes et vos questionnements.

> *« Le soulagement de me rendre compte de n'être ni fou ni plus bête que les autres est énorme. J'ai l'impression de respirer enfin ! Mon sautillement se couple à l'émotion d'apprendre que d'autres personnes "comme moi" existent et vivent les choses de manière proche de la mienne. Je ne suis pas un extraterrestre solitaire déposé par mégarde sur terre. Cette compréhension me donne l'élan et l'envie d'en parler autour de moi. J'aimerais partager avec la terre entière cette joie et ce soulagement !*
>
> *« Alors je commence à en parler autour de moi. Tout joyeux et plein d'enthousiasme, je fais part de mes découvertes. Mais certains ne semblent pas si emballés que moi par cette découverte, qui pourtant me paraît énorme ! Je persiste, j'essaie de leur expliquer : peine perdue, ils ont l'air surpris de ce que je leur annonce. "Oui, tu es hypersensible, on le savait déjà, et alors ?" Ouf… Comment leur faire comprendre ?*
>
> *D'autres encore m'invectivent avec des questions pour lesquelles je n'ai pas encore de réponse. Cela devient gênant. Je veux juste me sentir enfin compris, mais c'est*

dur à venir. C'est encore questionné, remis à l'étude. "Repassez plus tard quand vous en saurez plus."
Ces autres semblent gênés en voyant mon désarroi. Ils aimeraient bien faire en me posant toutes ces questions. Je les comprends, mais c'est décevant. La plupart semblent ne pas saisir du tout ce que l'hypersensibilité recèle en elle comme enjeux et potentiels. Ils me servent les mêmes questions que je me posais au départ : "Et si on était tous hypersensibles ? Et si l'hypersensibilité n'existait pas ?" »

Vous voilà installé de nouveau dans la case départ du doute. Finalement, tout cela n'est peut-être pas vrai. Cela vous concerne tant que ça ? Et si ce n'était qu'une invention ?

Alors, vous pouvez rejeter en bloc cette découverte qui vous semblait si vraie ou en vouloir terriblement à ces autres qui ne veulent rien entendre, alors que, pour une fois, vous avez l'impression d'y voir clair.

« Je m'isole dans ma grotte lointaine, celle qui est inaccessible, avec des têtes de mort à l'entrée. Je me terre dans la frustration, dans la confirmation que de toute façon je suis seul et j'avance, décidé à ne plus en reparler, mû par la méfiance envers autrui. Me disant qu'on ne m'y reprendra plus… »

Scénario 2

Vous vous rendez compte que vous êtes ultrasensible et vous ressentez une forme de soulagement intérieur. En pensant aux autres, vous vous apercevez que vous n'osez pas leur en parler par peur de leur jugement, peur qu'ils vous prennent pour un prétentieux qui veut se faire remarquer par sa différence, peur que les autres vous prennent pour quelqu'un de « malade ».

> *« Je préfère me taire et ne pas révéler à mes proches mon ultrasensibilité fraîchement découverte ou apprivoisée. Malgré tout, je me rends compte qu'une part de moi développe de la rancune envers ces proches. J'espérais secrètement qu'ils me comprennent. Je leur lance des perches – discrètes mais bien réelles – pour les tester, mais c'est comme s'ils ne voyaient rien. Je peux alors arriver à développer une forme d'agressivité retenue ou plus franche envers eux, selon les jours. Cela installe des jeux très moches et des non-dits que je n'aime pas. Pourtant, je n'arrive pas à en parler, cela me paraît si compliqué. Ce serait tellement plus simple s'ils comprenaient d'eux-mêmes. »*

Quand vous retenez tout en vous et que vous cachez qui vous êtes, tout en en voulant aux autres de ne pas vous découvrir, cela augmente votre sentiment d'isolement autant que votre frustration. Cela renforce aussi votre colère envers vous-même de ne pas arriver à en parler.

Scénario 3

En découvrant votre sensibilité élevée, vous réalisez combien votre vie en est touchée et vous la hissez comme une sorte de *drapeau-bouclier-fourre-tout*. Vous en parlez à qui prête l'oreille et vous construisez votre vie – et celle des autres – en fonction de cette ultrasensibilité. Vous décidez qu'on ne peut plus aller là parce que vous êtes hypersensible, que vous ne pouvez plus faire ceci ou cela parce que vous êtes ultrasensible, etc.

Vous estimez que les autres devraient prendre soin de votre grande sensibilité et qu'ils sont moins civilisés parce qu'ils n'ont pas toute cette merveilleuse sensibilité.

> *« Mon attitude a le don d'agacer mon entourage, qui trouve que cette hypersensibilité a bon dos. Je reçois des critiques, et on m'en veut parce qu'on me dit que je pourris la vie des autres en utilisant mon hypersensibilité comme excuse ultime. Ils ont l'impression que j'ai tout le temps les yeux rivés sur mon petit nombril. Alors que moi, je me rends compte que je prends enfin soin de moi. »*

Cette situation renforce votre sentiment d'être isolé, incompris et rejeté, alors que « vous vous êtes enfin trouvé ».

AVANT DE FAIRE SON COMING OUT HYPERSENSIBLE

Ces différents scénarios, assez schématiques, sont déclinables à l'infini. Ils montrent bien qu'en fonction de vos attentes, vous risquez d'être plus ou moins déçu de la manière dont les autres accueillent la nouvelle de votre grande sensibilité. D'où le besoin de clarifier, dans un premier temps, où vous en êtes par rapport à vous-même et à votre découverte.

Observez cette hypersensibilité que vous avez découverte et demandez-vous :

- Qu'est-ce que j'ai compris à propos de ma manière d'être au monde ?
- Est-ce que je me comprends moi-même ?
- Comment est-ce que j'accueille cette singularité dans mon histoire, dans ma vie ?
- Comment j'accepte que ce tempérament durera probablement toute ma vie ?

À quel stade de votre découverte en êtes-vous ?

Par exemple :

- excitation ;
- colère ou déception vis-à-vis des autres, en particulier de votre famille d'origine, du fait qu'ils ne vous ont pas

compris, qu'ils vous ont amené à croire que vous étiez « anormal », indigne d'amour, etc. ;

- colère vis-à-vis de vous-même d'être ainsi ;
- gêne ou honte face aux autres ;
- impression de gâchis ;
- sensation d'une grande ouverture de possibles ;
- soulagement ;
- curiosité d'en savoir plus… ;
- autre chose encore ?

En fonction de votre propre connaissance de votre tempérament et de votre histoire, vos attentes vis-à-vis des autres seront plus réalistes et vous serez moins malmené par les incompréhensions.

Essayez de comprendre pourquoi vous voulez l'annoncer à votre entourage.

Identifiez précisément vos attentes vis-à-vis des autres pour clarifier votre intention.

Par exemple, voici quelques-unes des motivations les plus courantes :

- vouloir être enfin aimé tel que l'on est ;
- aspirer à être reconnu ;
- mieux se connaître au travers du regard de l'autre ;

- être compris ;
- demander de l'attention, voire un traitement de faveur ;
- être consolé, rassuré ;
- quoi d'autre encore ?

En la matière, il n'y a pas de bonnes ou de mauvaises intentions. Il y a seulement des intentions qui peuvent être multiples et se valent toutes. Mais plus vous serez au clair avec celles-ci, moins vous serez « agi » par elles, et vous pourrez alors être à même de remplir vos propres besoins à la bonne source, qui n'est pas toujours le regard de l'autre.

PRÉPARATION DU COMING OUT

Le jour même ou les jours qui précèdent, vous pouvez prendre quelques gouttes de Fleurs de Bach® (le remède Rescue®, par exemple), ou un peu de Zenalia®, ou un petit mélange d'huiles essentielles (lavande, orange, mandarine, marjolaine, petit grain), ou toute préparation naturelle qui vous convient bien…

Vous pouvez aussi aller nager, méditer, faire une grande marche dans la nature, etc.

À qui le dire ?

Commencez par faire un tri des personnes à qui vous pourriez potentiellement l'annoncer en identifiant :

- les « bonnes personnes » (ouvertes, réceptives, à l'écoute, proches de vous) ;
- les « personnes à éviter au départ » (celles avec qui l'enjeu est énorme, dont vous n'êtes pas sûr de l'accueil ; souvent il s'agit de la famille proche, de collègues, etc.) ;
- les « personnes qui n'ont pas besoin de l'apprendre ».

Dans « les bonnes personnes », choisissez une personne « préférée » en première place. Quelqu'un avec qui vous vous sentez vraiment proche et en confiance, pour vous roder.

Que dire ?

- Préparez votre propre définition de l'hypersensibilité, ou de la sensibilité élevée, avec vos mots à vous, en reprenant des idées simples et claires qui vous parlent.
- Vous pouvez reprendre l'exercice « Trouvez les mots pour vous décrire ! » proposé au chapitre 8, mélangé ou non avec « Le rôle de votre vie » dans ce même chapitre.
- Utilisez deux ou trois images pour que votre interlocuteur puisse mieux comprendre.
  Par exemple : « Je suis comme un poste de radio qui, au lieu de capter quelques stations, en capte des centaines… en simultané ! » ; ou : « Je fonctionne comme une trieuse

de légumes. Au lieu de faire le tri entre trois calibres de courgettes, mon fonctionnement me permet de calibrer des dizaines de poids et de tailles différents. Cela apporte une finesse extraordinaire dans le traitement des informations. Mais quand la livraison est trop soudaine et massive, la machine peut se bloquer ! »

- Je précise mon intention.
  Par exemple : « Je souhaite te parler d'une découverte que j'ai faite récemment me concernant. Je pense qu'elle pourrait apporter des éclaircissements dans ma manière de fonctionner avec toi et pourrait te donner des billes pour mieux me comprendre également. Est-ce que tu es d'accord pour qu'on en parle ? Si oui, est-ce le bon moment ? » ; ou bien : « Je souhaite te faire part d'une information sur ma personnalité, car cela a une influence directe dans ma manière de travailler. J'aimerais t'en parler pour qu'ensemble nous puissions tirer le meilleur profit de cet aspect de ma personnalité, qui a besoin de conditions bien spécifiques pour s'épanouir. J'ai des pistes précises et claires pour aller dans ce sens. Es-tu d'accord pour que nous en parlions ? »

- Précisez qu'il ne s'agit ni d'une maladie ni d'une tare, mais d'un tempérament qui a ses avantages et ses inconvénients. Citez-en quelques-uns en insistant sur les avantages.

- Expliquez où vous en êtes dans votre découverte. Prévenez votre interlocuteur qu'elle peut évoluer. Informez-le que, dans un premier temps, vous allez probablement tout voir par ce nouveau prisme, mais que cela va « se tasser » avec le temps. Demandez-lui de la patience et de l'indulgence, et invitez-le à ne pas hésiter à vous dire : « C'est bon pour moi, parlons d'autre chose ! », sans le prendre mal.

Comment le dire ?

- Parlez en disant « je ».
- Exprimez-vous simplement.
- Utilisez la communication bienveillante ou communication non violente (CNV).
  Par exemple, partez de ce que vous dit l'autre : « Tu m'as fait cette remarque à propos de moi ; j'aimerais la mettre en lumière grâce à une découverte que j'ai faite récemment. »
- Évitez les réclamations et les reproches avec le « tu qui tue ».
- Adaptez votre discours à votre interlocuteur.
- Préparez une phrase de « pitch » (résumé), courte et drôle, pour les nouvelles connaissances :
  - « Si vous cherchez un détecteur de mensonges sur pattes : je suis votre homme (votre femme). »
  - « Je suis un fabuleux voyageur des hauteurs vertigineuses et des descentes dans les abîmes les plus profonds. »

  Une phrase qui vous inspire, taillée sur mesure :
  - « Je suis comme la fleur qui s'épanouit dans le bitume. Inespérée et courageuse. Aussi vulnérable que vivante. »
  - « Je trouve les trésors cachés là où croissent la désespérance et la méfiance. »

Quand le dire ?

- À un moment où vous vous sentez détendu.
- Lorsque l'autre personne est réceptive.
- Prenez le temps de tâter le terrain en amont.
- Ne faites pas d'annonces grandiloquentes, qui pourraient mettre l'autre en garde ou en situation de stress.

Quelques réactions possibles de vos interlocuteurs

Toutes les réactions sont possibles, bien sûr. Voilà pourquoi il vaut mieux bien choisir la ou les personnes à qui vous en parlerez en premier, en second, ou pas du tout. Voici un échantillon de réactions. Prenez le temps de lire chacune d'elles et voyez quels sont les ressentis et les sensations qui émergent en vous. Auriez-vous envie de répondre quelque chose à chacun de ces arguments ?

- L'indifférence : « Ah bon ? C'est tout ? »
- L'admiration : « Waouh ! C'est fantastique ! C'est une sorte de superdon, n'est-ce pas ? »
- L'incrédulité : « C'est des bêtises, tout ça ! »
- Le rejet : « Je ne peux pas entendre ça. »
- La curiosité : « Tu veux bien m'en dire plus ? »
- Etc.

L'APRÈS-COMING OUT

Il est possible que l'autre ne puisse pas accepter ou comprendre ou accueillir ce que vous partagez à propos de vous. Cela peut le renvoyer à sa propre sensibilité, à ses fragilités, au fait de ne pas comprendre votre manière d'être au monde… Peut-être aussi, tout simplement, ne vivant pas de la même façon que vous, il ne comprend pas ce que vous essayez de lui expliquer.

L'important est que vous puissiez signaler à votre interlocuteur que vous ne lui demandez pas de prendre soin de vous, car cela vous appartient et vous incombe.

Informez-le que, désormais, vous ferez plus attention à vous, à vos besoins, et que vous souhaitez simplement être entendu et respecté avec vos particularités.

Vous êtes en chemin et vous aurez besoin de temps pour réajuster votre comportement et votre manière de vivre en fonction de cette découverte de votre ultrasensibilité.

Annoncer sa sensibilité élevée n'est pas une mince affaire. On se dévoile, on se découvre alors que l'on commence à peine à mettre des mots sur cette *manière d'être au monde*, qui malheureusement reste encore méconnue malgré le grand nombre de personnes concernées.

Cela ne nous facilite pas la tâche, mais bien communiquer autour de soi sur sa spécificité et le faire pour les bonnes raisons permet de créer de nouveaux espaces de communication et d'échange avec les autres, pour que chacun puisse se respecter, s'écouter en fonction de ses besoins et s'enrichir mutuellement.

Le jeu en vaut la chandelle !

SUPER
SENSIBLE
SUPER
SENSIBLE
CLOD*

LA VIE DEVANT SOI

Le 16 juillet 2018, à 5 h 45. Le réveil sonne. Élisabeth va réveiller Charles en douceur. En silence, ils montent sur le flanc de la montagne. Après avoir fait des repérages la veille, ils retrouvent sans mal ce qu'ils cherchent. La centaurée et ses fleurs couleur rose pétillant les attendent pour être transformées en élixir floral qui assistera ceux qui ont tant de mal à s'affirmer et à oser dire non. Charles est devenu un grand expert en Fleurs de Bach®. Grâce à Élisabeth. Une seule rencontre peut faire basculer tant de choses…

L'intuition d'Élisabeth, couplée à la pensée foisonnante de Charles, fait d'eux un duo de choc qui crée sans cesse de nouvelles manières d'accompagner les âmes sensibles et celles qui se sont désensibilisées en chemin.

6 h 50. L'alarme de son téléphone portable réveille Marine. Contrairement à « avant », elle ne saute pas en dehors du lit. Non, elle y reste et s'étire comme un chat pour se rendormir. C'est son mari qui se lève de bonne heure aujourd'hui. Elle a osé lui demander de prendre soin des enfants pour pouvoir récupérer. Son cher et tendre a posé une journée pour s'occuper complètement des petits. Bébé chouine, mais elle résiste à la tentation de voler à son chevet. En fait, elle réalise qu'il n'en a pas besoin. Son compagnon s'en sort très bien, quand elle lui laisse pleinement sa place. Elle s'autorise à être là pour elle, rien que pour elle, toute une journée. Elle a prévu de ne rien prévoir, si ce n'est d'être à l'écoute de son désir de détente et de repos. Elle ira à la mer, elle mangera une glace, elle mettra ses pieds dans une fontaine, elle plongera ses mains dans la pelouse fraîche, elle dormira, elle soupirera, elle se laissera guider par sa boussole intérieure. Elle vivra à son rythme. Miam !

7 h 23. Pas de réveil pour Youssef. Ce sont les bras aimants de Quentin qui l'enveloppent et lui donnent ce bon goût d'être – enfin ! – à la maison. Ils se sont rencontrés il y a déjà quelques mois. Le fameux jour où Youssef devait rencontrer la fille d'une amie de sa voisine. Elle lui avait posé un lapin, mais il avait rencontré Quentin, et tout avait fait sens. Comme une évidence. Il ne s'en doutait pas. Il ne s'y attendait pas. Ça – l'amour, Quentin, le renouveau, le printemps, la vie – lui était tombé dessus sans crier gare et il s'était laissé surprendre. Pourquoi pas ? Les barrières de suspicion avaient cédé. Youssef ne s'explique pas encore pourquoi. Depuis, Quentin lui a ouvert des portes incroyables. Il a beaucoup cheminé. Il l'a invité à faire des stages de développement personnel. Youssef a lâché du lest, depuis. Il s'ouvre à la vie, aux autres. Il y va progressivement, parce qu'on ne se défait pas d'une méfiance chronique en cinq minutes, mais il s'en sent le courage. Et Youssef renaît.

7 h 30. Olivier arrive au parc avant les autres. En silence, il se joint à son maître de tai-chi-chuan, qui s'entraîne depuis au moins une heure. Son cher maître qui lui enseigne cet art martial méditatif depuis qu'il a fait son burn-out. De loin, on dirait qu'ils font une danse harmonieuse. D'autres se joignent à eux. Un groupe de danseurs silencieux. Ils sont beaux à voir. Un sourire venant du fond de l'âme se dessine sur les lèvres d'Olivier. Il a appris à prendre le temps. Il a appris à être avec. Avec les autres, avec ce qui est présent. Avec lui-même. Il est là. Et il fait bon être là. Être. Tout simplement. Tout est si simple depuis cet endroit.

8 h 15. Amélie est tout émotionnée : ce matin elle va présenter son projet à un groupe de financeurs de start-up dans le domaine social et écologique qui a été attiré par sa proposition. Après s'être levée tôt pour faire une séance de yoga, elle met une musique entraînante et gaie pour se préparer.

Ses deux meilleures amies vont venir la récupérer pour qu'elle n'ait pas à s'occuper de la logistique. Elle a osé leur demander de l'accompagner pour ce moment crucial et elle est ravie de pouvoir s'appuyer sur elles. Soudain, son portable vibre. C'est sa mère qui l'appelle. Elle décide en conscience de ne pas répondre. Et elle est fière de ce geste symbolique de détachement. Elle respire un bon coup, jette un coup d'œil sur son tableau de vision, où elle a mis des photos avec toutes les images qui la connectent à ce qui fait sens pour elle. Elle est en joie. Elle est nerveuse, bien sûr, mais elle sait – mieux encore, elle sent – que, malgré le trac, elle va y arriver. Elle a découvert d'innombrables ressources en elle depuis qu'elle est accompagnée par sa coach et elle sait qu'elle peut y arriver. Ça y est, la sonnette retentit. C'est l'heure. Amélie est prête. Elle dit : « Oui à la vie ! »

8 h 35. Alicia danse. Son compagnon joue des percussions. Ils sont partis camper quelques jours dans le Vercors. Ils se sont baignés aux aurores. Il faisait déjà chaud. Et là, bien rafraîchis, ils s'expriment, elle en dansant, lui en jouant de son instrument. La fougue d'Alicia prend forme dans ses gestes. Ils sont d'une puissance rare. On la croirait danseuse de l'Orient ou de contrées encore plus lointaines, danseuse originelle hors du temps. Elle exprime le féminin, la force, la fertilité. La douceur, aussi. Son corps qui virevolte au rythme des tambours symbolise la vie qui la traverse et qui traverse le tout. On dirait qu'elle est ailleurs, Alicia, et à la fois elle est bien là. On dirait que la nature fait la fête de la voir ainsi danser. Son ami fait corps avec elle dans cette expression divine. Il suffit de peu pour qu'Alicia soit transportée, en communion avec tout ce qui l'entoure, inspirante et inspirée. Elle exprime ce qui la traverse, et des larmes se déversent, des rires aussi.

Danse cathartique et délicieuse. Alicia est la vie même, qui la porte et qui va.

Voilà une journée qui commence dans la vie d'un Je ultrasensible…

CONCLUSION

Nous allons maintenant nous quitter.

Au terme de ce grand tour d'horizon sur l'ultrasensibilité, vous voyez plus clairement les particularités de votre propre sensibilité.

Nous espérons que vous l'acceptez mieux, que vous avez compris l'importance de la libérer, de prendre grand soin de vous et de développer vos talents pour devenir *supersensible*.

Comme la créativité est le meilleur chemin pour vous épanouir grâce à votre sensibilité élevée, nous vous laissons en très bonne compagnie, avec la romancière américaine Pearl Buck.

Tous nos vœux les meilleurs et les plus humains vous accompagnent !

Que votre vie soit douce, bonne et belle…

« Pour cet individu, un contact est une explosion,
un son est un bruit, un malheur est une tragédie,

Une joie est une extase, un ami est
un amoureux, un amoureux est un dieu,

Et l'échec est la mort.

Pour cet être extrêmement délicat s'ajoute
la puissante nécessité de créer, créer, créer,

— car sans la création de musique
ou de poésie ou d'édifices ou de quelque
chose doué de sens, il reste privé de souffle.

Il doit créer, répandre sa création.

Par quelque étrange, inconnue, intrinsèque urgence,

Il n'est vraiment vivant que s'il crée[28]. »

28. Pearl S. Buck, *The Truly Creative Mind* (traduction Saverio Tomasella).

Table des matières

Cet ouvrage est composé de matériaux issus de forêts bien gérées certifiées FSC®, de matériaux recyclés et de matériaux issus d'autres sources contrôlées.
Le Forest Stewardship Council® est une organisation internationale non gouvernementale qui encourage une gestion écologiquement adaptée, socialement bénéfique et économiquement viable des forêts de la planète. Pour en savoirplus, consultez le site www.fsc.org

FSC
www.fsc.org
MIXTE
Papier issu de sources responsables
FSC® C022829

Achevé d'imprimer en juillet 2020 sur les presses de
la Nouvelle Imprimerie Laballery
58500 Clamecy

Troisième tirage

Dépôt légal : janvier 2019
N° d'impression : 007034

Imprimé en France

La Nouvelle Imprimerie Laballery est titulaire de la marque Imprim'Vert®